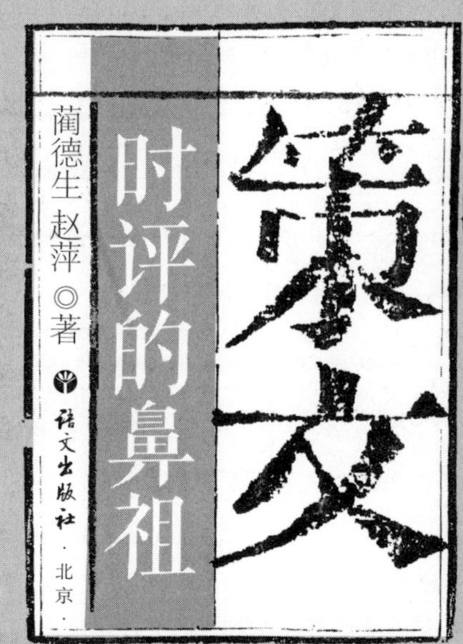

鲤鱼跃龙门
科举文化丛书

CEWEN
SHIPING DE BIZU

图书在版编目（CIP）数据

策文：时评的鼻祖 / 蔺德生，赵萍著. — 北京：语文出版社，2012. 12
（科举文化丛书）
ISBN 978-7-80241-344-3

Ⅰ. ①策…　Ⅱ. ①蔺…　②赵…　Ⅲ. ①科举考试-文体-研究-中国　Ⅳ. ①D691. 46②H152

中国版本图书馆CIP数据核字（2012）第283345号

责任编辑　李　勇
装帧设计　李建章
出　　版　语文出版社
地　　址　北京市东城区朝阳门内南小街51号　100010
电子信箱　ywcbsywp@163.com
排　　版　语文出版社照排室
印刷装订　北京兆成印刷有限责任公司
发　　行　语文出版社　新华书店经销
规　　格　787mm × 1092mm
开　　本　1/ 16
印　　张　13
字　　数　162千字
版　　次　2013年3月第1版
印　　次　2013年3月第1次印刷
印　　数　1- 4, 000
定　　价　28. 00元
本书如有质量问题请与本社发行部联系　☎：010-65251033

○蟾宫折桂花钱

状元衣锦还乡图

目录

示例篇

赏读篇

评价篇

序言：曾经的“中国梦”

十年砍柴

有人问过我，如果你生在二百年前，最大的梦想是什么？我毫不迟疑地回答：“当然是中进士、点翰林。”

历史若真的前溯一个多世纪，不仅是我，恐怕绝大多数读书人都有这个梦想。因为在那时候，寒窗苦读，金榜题名，进而释褐为官，是一条最为理想的成功路径，也是中国男人获得荣耀、实现自我价值最为和平、常态的路径。尽管这条荣耀之路艰难而狭窄，“一入龙门，身价百倍”的“鲤鱼”是极少数，多数鱼儿在半途中被无情的大浪所淘汰。但因为这个“龙门”对所有读书人是开放的，它是过去的几千年内，全球范围内延续时间最为长久而相对公平的一种人才选拔制度。因此它影响的不仅是中国的读书人，而对一千五百年来中国的政治制度、社会结构乃至整个民族的文化心理，有着无与伦比的巨大影响。

直至今日，科举已经废除107年了，但科举和与之相关的各类名词，如：八股文、试帖诗、魁首、状元、入闱……等等，依然活在人们的话语中，但被赋予了新的含义。笔者犹记得在刚入小学的1977年，高考制度恢复后，我所在的那个小山村，老人们议论此事的说法是：“听说读书人又可以进城赶考了！”今日高考，其考试程序、选拔目的、培养方向与科举完全不一样，但公众乃至媒体愿意将各地考分最高的学生比附为“状元”。在各大电视台的古装连续剧中，落难公子得到富家小姐资助，进京赶考，高中皇榜，历经曲折终于和小姐完婚这类故事比比皆是，延续的仍然是传统话本和戏曲的俗套，但许多观众却欣赏得津津有味。说明这种“俗套”至今还符合许多国人的审美情趣，也可以说，中国人的“科举情结”至今犹在，还在影响着我们这个社会。

但同时，因为这种制度寿终正寝了，与之相关联的政治制度、教育制度，以及承载它的农业社会中最重要的耕读秩序，也不复存在。比起107年前，中国的各方面变化实在太大了，因此国人对科举往往是熟悉其“名”而不解其“实”。不用说寻常老百姓，即使是从事文化、教育、传媒等行业的人士，也多半不具有科举常识，如考试分几个层次、考试科目、考试程序、兴起和消亡的历史背景等等。更不用说对考试的科目如八股文、试帖诗、策论等文体的基本特点有所了解了。以“八股文”为例，今日它基本上成为一个用来形容行文僵化老套的贬义词，用之者甚广，可又有几人读过一两篇甚至一两段八股文？知道何谓“破题”“起讲”“提比”“中比”？而在1905年以前，各类八股文的范文选集（即所谓“程墨”）犹如今日高考模拟试卷一样泛滥，凡决心应举业者，哪个不备有几本？

一种曾经让中国人为之狂热追捧的考试制度，几种流行中国几百年甚至上千年的文体，一下子就在这块土地上消失得如此彻底，这不应该是正常的历史演进过程，也不应是民族文化传统重要一环所遭受的命运。尽管，当下已不需要科举取士了，“八股文”“试帖诗”“策论”已没有了实际功能，但若想要对中国传统文化有比较全面的了解和中肯的评价，进而能以历史的眼光来看待过去几百年的学术变迁、思想潮流和文风士风，科举常识是绕不过的内容，而且以科举作为切入点，或许更能精准地探其脉络，导其源流。

近年来，科举又引起了文化界一些人的兴趣，在2005年科举废除100周年时，《新京报》等媒体以相当大的篇幅介绍了科举，一些有关科举的图书也接连出版。可是，媒体的热炒往往有如一阵风，风过无痕。而相关图书也多是一些业已过世的老学者的著作出版或再版，如齐如山、邓云乡、启功、张中行等人，这些老先生距科举时代不远，有些甚至亲历过科举，撰文多从个人记忆出发，显得真切而有趣。但今日已距科举一个多世纪，读者的知识结构和审美趣味已有相当的变化，应该有一套以现代人的眼光来综合、全面介绍科举文化的普及型读物。蔺德生、赵萍夫妇合著的《“鲤鱼跃龙门”——中国科举文化常识》丛书，就是这类普及型读物。其叙述的语言风格充分考虑了现代人的阅读习惯，明白通晓，然却无穿凿附会或妄加论断的毛病，而是言之有据，持论公允。这套丛书分别从“八股文”、“试帖诗”、“策文”、“科举轶事”、“鼎甲小传”五个层面，全方位地对中国科举考试的源流、发展、特点以及对中国社会的影响做了精到的评介。知识性、趣味性和资料性兼具。

两位作者并非科举史研究的专业人士，但因为长期收集古籍，遂对科举这项中国皇权社会最为重要的制度之一发生兴趣，浸淫其中多年，收集了大量有关科举的资料，又经过数年的笔耕，才写就这五本书，可见作者态度的严肃和认真。

由收集古籍而涉猎科举史研究，这是一条很自然的路径。中国历代流传下来的古籍浩如烟海，从大的功能而言，当然是承载、传播了中华文化。但若从较为功利的角度分析，其中许多典籍是因科举而被长期重视，所以才能一代代翻印，传至后世。《四书》《五经》自不待言，即便是其他的经、史、子、集或历代王朝的诰令、律例、奏章汇编，几乎都是科举的参考书。若无“科举”这一功利性极强的制度运行近一千五百年，以典籍作为重要承载形式的中华文化能否如此生命力顽强，历久弥新，我以为要打个问号。

阅读古人写的诗文，再对照今人的行文，许多人有这种感觉，今人行文不够雅训精准。同样一件事，古人叙述显得美妙典雅，今人说出来，意思是到了，但总觉得是差点什么。如中华初民所吟咏的“关关雎鸠，在河之洲，窈窕淑女，君子好逑。”若翻译成白话文，索然无味。今天大多数的读书人，显然已不可能找回古代那种言说方式，因为这种言语交流的共同体已消失了，不能不说是一种缺憾。究其原因，当然有人会说这是白话文运动使然，上世纪初伴生于“新文化运动”的“白话文运动”，其历史功绩已受到肯定。推行白话文有利于普及教育，但白话文和古文不是非此即彼不可相容的关系，古文功底好的人，其白话文也会写得好。我们看鲁迅、周作人、沈从文、郁达夫等人的有些白话文篇章，那种意境、格调和《世说新语》及明朝人小品文很像，无古文功底的人是写不出来的。那么，白话文怎么能一下子就让古文退出国人的日常交流的话语体系呢？归根结底，还是1905年的废科举。科举时代的教育，可以说就是为参加科考准备的，而不是仅仅识几个字。如蒙学教育中要求朗读课文拖长声调，要求学生明白字之源流及其同义词，重视字的音韵，训练对对子，用《三字经》这样的开蒙读物灌输圣贤所主张的价值观……一切的一切，都有利于写八股文、试帖诗和策文。尽管科考获得功名的是少数，但这种教育体系出来的人，他们的言说行文，讲究形式美、音韵美和典故的运用，论述事物注重起承转合、层层递进、余味悠长。士子是社会精英阶层，他们的言说行文风格当然就是整个社会的范式了。科举制度一废除，从西方舶来的现代教育制度在中国生根，过去那种“语言文字气场”没有了，仅仅加大语文课的古文内容是于事无补的，因为语言文字总是活在日用之中。

以上所说是科举制度废除对中国文化的影响，科举制度同样也对中国政治制度和历史社会发展路径产生了巨大的影响。

到了清末，面对西方技术上的船坚炮利、经济上的商品贸易全球化、政治上的民主宪政，中国社会处于“千年之未有大变局”。清帝国从鸦片战争开始，不得不进行一些变革，但洋务运动、变法维新和君主立宪等诸多举措，几乎是收效不大，反复颇多，最终失败。只有1905年的废科举改新学制算是完全成功了，而废科举的成功又反过来加快清王朝的覆亡，这是哪怕孔孟在世也难改变的历史路径。

为什么太平天国规模那么大，清朝的财政、军事几乎到了山穷水尽的地步，但王朝依然维持下去。经过所谓的“同治中兴”，到了宣统朝，朝廷的财政状况好于太平天国时期，境内也没有大规模的民变，而“武昌起义”一声枪响，清帝国就如纸房子倒了呢？原因当然是多方面的，但不容忽视的一大原因是科举的废除。参加太平天国的多是底层人士——其领袖洪秀全是秀才考不上的老童生，其他核心人员多是烧炭工，起事后遭到了以士人为核心的精英团体巨大的反击。扑灭太平天国的湘军，领导人物曾国藩、左宗棠、胡林翼、彭玉麟、罗泽南都是科举出身的士大夫（曾、胡是进士、左是举人、彭、罗是秀才）。而1905年废除科举以后，作为社会精英的读书人，相沿千百年的出路断了，而现代知识分子的专业化就业体系还未建立——如当医生、律师、职业经理、科研人员、大学教师等。于是，读书人整体和王朝离心离德，去寻求另外的出路，有的去留洋，有的进入新军——而这两批知识分子正是参加辛亥革命推翻清王朝的主力。科举废除后的一个世纪内，中国知识分子几乎天然地和“革命”捆绑在一起，其影响之深远，怎么评价都不过。

今天，我们对科举的认识和研究还远远不够，许多人还停留在简单的褒贬判断上。掌握管理社会的公权力人士的产生方式，迄今为止主要是以下四种：一种是靠选票 “选出来”的制度，这种选拔制度必须建立在民主宪政的政治构架内；一种是在许多民族存在过的“生出来”的制度，如中国春秋以前，天子、诸侯、卿、大夫几乎都是世袭；一种就是社会大变动时期“打出来”的制度，如靠武力取胜，掌握权力；一种就是“考出来”的制度，如中国的科举。官员靠“生出来”，社会一定僵化无活力，寒门子弟上升通道堵塞，社会不可能繁荣稳定；官员靠“打出来”，整个社会付出的代价太大。在 “选出来”的制度没有建立之前，“考出来”的制度无疑是最为公平和文明的。

如果一个社会还没有建立起一种真正“选出来”的制度，那么谁有底气否定和批判科举制度？如果一个社会已经建立起一种真正“选出来”的制度，那么也应看到，一千五百年前中国人能创建一种“考出来”的制度是多么的伟大。

愿蔺氏夫妇这套丛书能引起更多的读者对科举文化产生兴趣。这一曾经的“中国梦”，是我们民族的记忆和荣耀，岂能湮没于历史的尘埃之中。

引　言

凡是参加过高考的人都知道，就其题型而言，除了填空题、选择题等题型外，问答题是必不可少的。可是又有谁知道，这种题型，是最为古老的考试文体，在两千年以前的汉代就曾用于选拔人才的考试，这是中国考试史上有明确记载的第一次笔试。只不过当初并不叫“问答题”的名字，而称其为“策文”。“问答题”是中国考试题型中最早出现、也是最常用的一种题型，由于它可以考察出应试者分析问题和解决问题的能力，所以至今仍然广为使用。

策文是古代科举考试的各种文体中最早出现的一种，它包含策问与对策两个方面。策问是由命题者提出问题，其内容非常丰富，举凡政治、经济、军事、文化、教育、天文、地理、民族等各种与国计民生相关的大事或经史典籍中的问题都可以作为策问的题目。对策是考生回答问题，统治者也往往通过举子们的对策来了解民情，试策这种形式也可以考察应试者的德、才、识、学以及对现实问题的见解。对策之外，又有射策。对策，是由皇帝公开命题，让应试者回答。射策，则是将若干题目做成题签，由应试者任意抽取，抽到什么就回答什么。射策又分为甲乙之科。“甲科谓作简策难问，列置案上，（任）该试者意投射，取而答之，谓之射策。上者为甲，次者为乙。若录政化得失，显而问之，谓之对策也。”（见《后汉书》卷六《顺帝纪》注引《前书音义》）射策的目的是防止作弊。《文献通考》卷四十“学校一”：“（射策），此即后世糊名之意。但糊名则是隐举人之名，以防嘱托行私，此则似是隐问难之条，以防假手宿构。”

策文是一种特殊的文体，其原始形态其实就是一种政务咨询，它是中国古代历时最久、地位最稳固的考试文体，历代选拔人才的考试，都离不开策问与对策。一般来说，策问与对策相比较，对策更显得有文学价值。当代学者陈选公先生认为，策在本质上乃是一种典型的“官人文学”（或“考试文学”）、“考试文体”，它们所曾给予中国人生活的影响不比任何其他“文学”种类逊色，理应成为今天文学研究的重要对象之一。它就像恐龙一样，虽然已经灭绝，但它毕竟曾经是“文学”的庞然大物和众生的主宰，因此不能因为它的身上有“无用”的地方，而对它全盘否定。科学的态度就是要像对待其他文化遗产一样，对它进行科学的整理、研究、开发和利用。

遗憾的是，时至今日，人们对“策文”体裁仍然是知之甚少，有的人干脆不知道还有这样一种文学体裁。好多人一提古代科举的殿试卷，或者笼统地称其为“文言文”，多少贴点科举边儿的称其为八股文。绝大多数人都是一头雾水，说不出个子午卯酉。学者邓洪波、王胜军说：“一百年以来，人们对状元殿试卷的价值认识不仅不够，而且有很深的误解。如对现存青州博物馆的明代状元赵秉忠的试卷大家都以国宝视之，但我们在网上搜索时却发现，人们在谈到它时，几乎一律都把它看作是八股文，其中竟有教授、博导，真是令人跌破眼镜。由此可见，沉冤者何止科举制度，又何止八股文，更可冤者状元殿试卷也。”（见《<中国状元殿试卷大全>及其价值》）可想而知，如果那些让人“跌破眼镜”的人对科举制度稍微有一点了解，知道试策是殿试考试的一种主要科目，策文究竟是怎么样的一种科考文体，自然就不会闹出这种笑话了。

当然，对它的整理、研究、开发和利用主要是那些专家学者的事情，但对我们一般的读者来说，主要还是应该知道这种科考文体发展的来龙去脉，这样才能对中国科举文化有全面的了解。从这个意义上说，我们必须抱着一种科学的态度，用历史唯物主义的方法和与时俱进的精神去了解、分析这一古老的文学体裁，去理智地感受那些古代的饱学之士，在行文中体现出来的修养、气质、胸怀、风采和精神，并从中得到有益的启发。

史略篇

策文中的对策，往往都是就某一社会生活问题的解决方案。在汉代初期即有贾谊的《守边策》等。汉代晁错、董仲舒和公孙弘的对策可以说是这类文章的始祖。董仲舒“罢黜百家，独尊儒术”就是这个“天人三策”里的名言，一直影响着汉代以后的整个中国政治。隋唐科举制度一建立，就是以策问为考试形式的。唐代以后，考试的内容越来越多，但对策始终是一项必不可少的考试内容，在科举考试中，策文是最古老、历时最长的考试文体，没有任何一种形式有策这么稳固的地位，唐宋以前的策在科举中影响最重，决定士子命运的往往在于其策写得好坏。明清之后，作为经义文体的制义在科举考试中其地位越来越重要，策与论被作为二三场的内容，作用被大大削弱了。

在中国古代，如果从传统的“文章”的角度看，科举文章中还有许多富有价值的遗产，并不就是“一沾科举便无足观”。《旧唐书·文苑传序》说：“如燕、许之润色王言，吴、陆之铺扬鸿业，元稹、刘蕡之对策，王维、杜甫之雕虫，并非肄业使然，自是天机秀绝，若随珠色泽无假淬磨，孔玑翠羽自成华彩。”将应制诗、对策与其他文体相提并论。

两汉与魏晋南北朝的察举

汉代是中国封建社会历史上第一个繁荣昌盛的时期，随着中央集权制国家的建立和巩固，各级官僚机构日益庞大，亟须增加和不断扩充大批统治人才。在这样的社会政治条件下，察举制应运而生了。所谓的察举，通俗地讲，就是考察人才之后，予以荐举任官的意思。这种考察制度，在具体的实行过程中，又与策文有着千丝万缕的联系。纵观汉代与魏晋南北的察举制度，从这种制度建立之初，到北朝之末整整八百余年，无论是诏举贤良、岁举孝廉秀才，还是察举以经学为先，在察举制度的具体实施中，尽管时有起落，但始终离不开“策问”与“对策”，而真正具有考试性质的察举就是从汉文帝开始的。

试策的起源

如果追根溯源的话，策文产生的历史已经有两千多年了。徐师曾《文体明辨》云：“夫策士之制，始于汉文、晁错所对，蔚为举首。自是而后，天子往往临轩策士，而有司亦以策举人，其策迄今用之。”这是说用策文考察和选拔人才是由西汉文帝开始的。

早在汉文帝时期，朝廷就先后两次下诏举贤荐良。其中汉文帝十五年（公元前165年）：称“诏诸侯王、公卿、郡守举贤良能直言极谏者，上亲策之，傅纳以言。”（见《汉书》卷四《文帝纪》），文帝以“朕之不德，吏之不平，政之不宣，民之不宁”为题，要求举子“四者之阙，悉陈其志，毋有所隐”，并“著之于篇”，然后“周之密之，重之闭之”，最后，“朕亲览焉”，结果对策百余人，唯错（晁）为高第，由是迁中大夫。（见《汉书》卷四十九《晁错传》）

所谓的“著之于篇”，也就是把答案书写在竹简或木简上，供皇帝亲自阅览。“自孝文策晁错之后，贤良方正皆承亲策，上亲策而第其优劣。”也就是说，由各级官员荐举贤良，送到朝廷，再由皇帝提出策问（主要是政事经义之类），举子对策回答，然后评定等第的书面考试方式，一直被沿袭下来，成为中国古代重要的考试形式。这次策试的全过程、包括文帝的策问诏和晁错的对策，都载于《汉书·晁错传》里。据此，贤良方正的考试制度，从举荐者、举荐标准、策试内容、衡量标准、成绩评定，都有明确的规定，这种考试虽然有所变革，但逐渐制度化。贤良方正的考试方法主要是对策，“对策者，显问以政事经义，令各对之，而以其文辞定高下也。”由汉文帝率先实行，在首次诏举贤良方正能直言极谏者时，就采用了这一方法。

汉代诏举贤良方正，一般都由皇帝亲自命题并评定出对策优劣。这种由皇帝下诏指定策试科目、地方长官举荐应试者、皇帝提出策问、举子对策回答、然后再区分等第的考试方法，一直被沿袭至清末，并在汉唐时策试秀才孝廉、唐宋时制科策试、明清时殿试对策中广为使用，使用时间长达两千多年。

汉代的试策

汉代国家统一，经济持续发展，随着中央集权政治制度的建立和健全，选拔官吏出现皇帝征诏、私人举荐、察举、任子、纳贤等多种形式。察举即举荐，又称乡举里选，成为国家选拔官吏制度。察举的科目、条件、名额与方法都是朝廷制定的。由于贡举和征诏之士需经考试合格才能录用，于是考试成为国家中央政府的一项经常性工作。汉文帝十五年的贤良对策，是命题考试，应试者根据策题撰文。

汉武帝建元元年（前140年），诏举贤良方正直言推陈之士，帝亲策问。董仲舒对曰："《春秋》大一统者，天地之常经，古今之通谊也。今师异道，人异论，百家殊方，指意不同，是以上亡以持一统，法制数变，下不知所守。臣愚以为，诸不在六艺之科孔子之术者，皆绝其道，勿使并进。邪辟之说灭息，然后统纪可一，而法度可明，民知所从矣。"（见《汉书》卷五六《董仲舒传》）董仲舒的主张，得到了汉武帝的采纳，四年以后，汉武帝罢黜百家，专立五经博士。于是，除个别情况外，儒家经学以外的百家之学失去了官学中的合法地位，而五经博士成为独占官学的权威。

"贤良方正"其实是一个科目名称，也是一个科目种类，它包括"贤良方正"以及有时分开单言的"贤良"或"方正"，"极言极谏"或"直言"也包括在这个科目之内，而汉代所说的"贤良方正"科是与"能直言极谏"连称的，有时候"贤良"还与"文学"二字连科并称，"文学"则指经书，如董仲舒、公孙弘都是因为精通经学而策中"贤良文学士"的。据《文献通考》卷三三《选举考》门"贤良方正"所列，仅西汉举贤良文学者有十七人，他们是：晁错、董仲舒、公孙弘、杜钦、严助、朱云、王吉、贡禹、魏相、盖宽饶、孔光、谷永、杜邺、何武、辕固、黄霸、朱邑等。东汉也列出鲁丕等十三人，但他们都没有西汉所授的职位高，而且所得人才远不如西汉。

汉代察举诸科目中地位最为重要的是贤良方正科，察举人数最多的是孝廉科，前者为诏举特科，后者为岁举常科。除此之外，还有一个在地位上介乎在二者之间的科目就是秀才（茂才）科。元帝初元二年（前47年），因为地震、山崩地裂、水泉涌出，诏丞相、御史、中二千石“举茂才异等直言极谏之士，朕将亲览焉”。由此可见，察举秀才的考试皆须试策。

从一些典籍的记载中可以看出，汉代的试策有这么几个特点：

策题往往都是皇帝钦定的，而且由皇帝亲自主持。如汉文帝十五年（前165年）九月，文帝下诏令诸侯王、公卿、郡守举荐贤良，并亲自出题考试。“策曰：惟十有五年九月壬子，皇帝曰：昔者大禹勤求贤士，施及方外，四极之内，舟车所至，人迹所及，靡不闻命，以辅其不逮；近者献其明，远者通厥聪，比善戮力，以翼天子。是以大禹能亡失德，夏以长楙。高皇帝亲除大害，去乱从，并建豪英，以为官师，为谏争，辅天子之阙，而翼戴汉宗也。赖天之灵，宗庙之福，方内以安，泽及四夷。今朕获执天子之正，以承宗庙之祀，朕既不德，又不敏，明弗能烛，而智不能治，此大夫之所著闻也。故诏有司、诸侯王、公卿、三公、九卿及主郡吏，各帅其志，以选贤良明于国家之大体，通于人事之始终，及能直言极谏者，各有人数，将以匡朕之不逮。二三大夫之行当此三道，朕甚嘉之，故登大夫于朝，亲谕朕志。大夫其上三道之要，及永惟朕之不德，吏之不平，政之不宣，民之不宁，四者之阙，悉陈其志，毋有所隐。上以荐先帝之宗庙，下以兴愚民之休利，著之于篇，朕亲览焉，观大夫所以佐朕，至与不至。书之，周之密之，重之闭之。兴自朕躬，大夫其正论，毋枉执事。乌呼，戒之！二三大夫其帅志毋怠。”从文帝的诏文来看，贤良的举荐者是“有司、诸侯王、三公、九卿及主郡吏”，举荐的标准是“三条”：即“明于国家之大体，通于人事之始终，及能直言极谏者”。策题是“三道之要”和“四者之阙。”“三道之要”即“国家大体”、“人事始终”和“直言极谏”；“四者之阙”则为“朕之不德，吏之不平，政之不宣，民之不宁”。

文帝这道问答题出得很好，他先谦称托上天与祖亲之福，当了皇帝，但担心自己“既不德，又不敏”，怕对不起列祖列宗，于是选拔贤良，来辅佐自己，希望考生畅所欲言，重点谈“三道之要”与“四者之阙”。

晁错的回答是一篇长文，针对皇帝提出的几个问题一一展开。如，对“三道之要”的“人事始经”，他的解答是：“愚臣窃以古之三王明之。臣闻三王臣主俱贤，故合谋相辅，计安天下，莫不本于人情。人情莫不欲寿，三王生而不伤也；人情莫不欲富，三王厚而不困也；人情莫不欲安，三王扶而不危也；人情莫不欲逸，三王节其力而不尽也。其为法令也，合于人情而后行之；其动众使民也，本于人事然后为之。取人以己，内恕及人。情之所恶，不以强人；情之所欲，不以禁民。是以天下乐其政，归其德，望之若父母，从之若流水；百姓和亲，国家安宁，名位不失，施及后世。此明于人情终始之功也。”（见《汉书·爰盎晁错传》卷三三）

很显然，这一考试是在皇帝的主持下进行的。策试的形式是“著之于篇”，也就是答卷，它要求针对提出的问题“书之密之，重之闭之”，即密封起来，交皇帝批阅。考试的阅卷人为皇帝自己，标准则是“观大夫所以佐朕，至于不至。”这次应试者百余人，晁错名列首位。“对策者百余人，唯错为高第，由此迁中大夫。”（见《汉书·晁错传》）

对策的题目多为国计民生的大问题。纵观《史记》《汉书》的记载，当时的策题都是有关社会、自然、盐铁、吏政、宫闱等问题。在《举贤良对策》中，晁错还阐述了自己对制令行政要“本于人情”的政治见解。他说，三王时代君臣合谋相辅，计安天下，使得“百姓和亲，国家安宁”，是“明于人情”的功效。还说，人情者是“欲寿”、“欲富”、“欲安”、“欲逸”，都是想要活得时间长一点，生活富裕一点，还要舒服一点；三王对待的办法，则是“生而不伤”、

"厚而不困"、"扶而不危","节其力而尽",这就是顺乎人情的做法,而不是违背民情。

汉代设立的察举科目,可以分为特科和常科两类,贤良方正、直言极谏等科属于特科。此科虽着重"以德取人",但兼有"求言"的意图,即征求吏民对时事、政治的意见,往往在发生了火灾、动乱或者其他重大政治问题以后,由皇帝下诏察举,被举者以"对策"形式发表政见,然后分出等第,授以官职。

元光五年(前130年)公孙弘以博士对策,策题五道:"敢问子大夫:天人之道,何所本治?吉凶之效,安所期焉?禹汤水旱,厥咎何由?仁义礼知四者之宜,当安设施?属统垂业,物鬼变化,天命之符,废兴何如?"(见《汉书·公孙弘传》)史载,"时对者百余人,太常奏弘第居下。策奏,天子擢弘对第一。"(见《汉书·公孙弘传》)似乎在皇帝览策之前,由太常先阅策文,并初拟定等级,再交皇帝定夺。太常成为阅卷评卷的官员。其后成帝时策试杜钦,试题六道:"上尽召直言之士诣白虎殿对策,策曰:'天地之道何贵?王者之法何如?《六经》之义何上?人之行何先?取人之术何以?当世之务何务?'各以经对。"(见《汉书·杜钦传》)

对策往往以引述经义论事。也就是说,在选取人才的试策中,经与策往往是结合在一起的,说经以解释当时的灾异,对策以引经义论事。经与策的关系,往往是相辅相成的。所以当时又称经策,许多射策或对策,实际上就是以经题引发策问的。贤良方正可以在经学人物如明经、博士里征诏对策;博士也可以从贤良方正而荐举考试。"(公孙)弘初以贤良征为博士,后罢归。再以贤良征方对策。董仲舒、辕固亦皆先为博士,后举贤良。"(见《文献通考》卷三十三)

总之,汉代的策论,如晁错、董仲舒和公孙弘的文章,都是当时最为优秀的政论文,不仅在文学上对后代有深远的影响,在政治上,董仲舒著名的"罢黜百家,独尊儒术",奠定了儒学在后世的地位，影响了中国两千多年。

魏晋南北朝的试策

晋代察举中有一个重要的演进就是秀才试策，从西晋开始，实行秀才对策的制度。《北常书钞》卷七九引《晋令》载："举秀才必五策皆通，拜为郎中，一策不通，不得选。"也就是说，五道问答题都要讲得通。具体的策试方法可以从晋武帝太康中（284年前后）华谭的秀才策中窥见端倪：可以从第五道策问和对策中看出策文的内容与形式来。策问是：

"昔帝舜以二八成功，文王以多士兴周。夫制化在于得人，而贤才难得。今大统始同，宜搜才实。州郡有贡荐之举，犹未获出群卓越之伦。将时无其人？有而致之未得其理也？"

华谭的回答是：

"臣闻兴化之法，非贤无以光其道；平事理乱，非才无以宣其业。上自皇羲，下及帝王，莫不张皇纲以罗远，飞仁风以被物。故得贤则教兴，失人则政废。今四海一统，万里同风，州郡贡秀孝，台府简良才，以八纮之广，兆庶之众，岂当无卓越俊逸之才乎！……贤俊之出，可企踵而待也。"（见《晋书》卷五二《华谭传》）

很显然，华谭的对策引古论今，纵横捭阖，为人们所叹服。其他四道策题都是有关治国安邦问题的提问。

东晋在法令上也有严格的规定，凡是参加荐举的秀才科和孝廉科的考生都必须进行策试，晋元帝时曾规定"扬州岁举二人，诸州举一人，或三岁一人，随州大小，并试策问"（见《宋书》卷四十《百官态》下）。但从《晋书·甘卓传》所载"诸州秀才闻当考试，皆惮不行"的情况看，东晋时秀才、孝廉科试策的制度并没有完全落实，存在着时有弛废的现象。难怪葛洪引东汉"灵献之世"人们常说的一段话："举秀才，不知书；察孝廉，父别居。寒素清白浊如泥，高第良将怯如鸡。”这些话虽然直陈了东晋后期察举的弊端，但也反映了东晋察举不加试策的情况。

针对当时州郡贡举、秀孝不策试的状况，葛洪提出了“人士之格”不可参差不同而无检查的标准。有人说：“能言不必能行，今试经对策虽过，岂必有政之才乎？葛洪明确回答：“夫丰草不秀瘠土，巨鱼不生小水，格言不吐庸人之口，高文不堕顽夫之笔……今孝廉必试经无脱谬，而秀才必对策无失指，则亦不得暗蔽也。良将高第，取其胆武，犹复试之以策，况文士乎？”（见《抱朴子·外篇》卷十五《审举》）其主张就是考终归比不考好，他的建议最终得到了晋元帝的采纳。《晋书·孔坦传》称大兴三年（320）规定察举秀孝皆须试策，有不中科者刺史、太守免官，以至察举孝廉秀才两科，一到试策的时候，有的人就不敢应试，往往谎称有病。说到底，这便是实行严格的考试所产生的效果。

进入南朝以后，察举制出现了复兴和发展的势头。主要标志有四个方面：

一是试策秀才的评判标准有了量化上的规定。东晋末年刘裕称帝后，明确规定凡是州秀才、郡孝廉都必须参加试策，有的时候皇帝还亲自策问，让他们对策；考试结果出来以后，并制定出严格的量化规定，泰始三年（467）都令使建议制定“策秀才考格”，即五道策问全答对者为上第，答对四道或三道者为中第，答对两道者为下第，一道以下者为不第。

二是策题出得更为精审简约。《文选》卷三六收有永明九年（491）、十一年（493）王融的《策秀才文》，各是五道，策题内容简明扼要。

三是创立了国学通经的选拔之法。梁武帝重视儒学教育，曾开设国学、五馆，五馆以儒家五经教授，置五经博士各一人。国子学、五馆生在学习期间，实行射策考试选拔人才，《梁书》中载有许多通过射策而入官者，有的学者认为，从天监八年的国学通经选法中，就可以看到隋唐科举的影子。

四是明经试策开始了多样化。陈依梁制，采用秀孝和明经射策等方法选拔人才。而且明经射策有笔试和口试两种，口试又称为“口策”、“口对”，一般的情况是在所习的经书中选取十个问题来发问，这种方式一直延续到唐代的明经科考试。

北朝的察举应该说与南朝的察举大同小异，从总体上说，出现了更为强劲的朝科举制演变的倾向。如北魏有秀孝异策就是一个很重要的特点。也就是说，北魏时期察举秀孝颇为盛行，而且两科的考试内容各有侧重，秀才科看重的是文章才华，孝廉科看重的是经学章句。秀才取文士，孝廉选儒者。北魏孝文帝时，邢峦以文才干略知名，有司奏策秀孝，诏敕云：“秀孝殊问，经权异策，邢峦才清，可令策秀。”显然由于他的文才清逸，将其归入应秀才试策的范围之内。

在魏晋南北朝时期，策是考试秀才、孝廉的主要内容。北齐试策，场规甚严，不仅皇帝亲临，对那些不合格的考生，还要当场发落。北齐时策秀孝，“字有脱误者，呼起立席后；书有滥劣者，饮墨水一升；文理孟浪者，夺席、脱容刀。”（见《隋书》卷九《礼仪志》）处分虽然不重，但是在大庭广众之中，被罚者有伤自尊的难堪是不可避免的。

隋唐的试策

科举试策，始于隋代。隋炀帝开进士之科，就以试策取士。这就是说，当科举制度这一新事物刚刚出现的时候，策就是考试的内容了。开皇七年（587）正月，“乙未，制诸州岁贡三人。”（见《隋书》卷一《高祖纪上》）正式设立了每年举行的常贡。尽管“岁贡三人”的科目史无明文，但《北史》卷二六《杜正玄传》记载：杜正玄少传家业，耽志经史。隋开皇十五年（595），举秀才，试策高第。曹司以策过左仆射杨素，怒曰：“周孔更生，尚不得秀才，刺史何忽妄举此人？可附下考。”乃以策抵地，不视。时海内唯正玄一人应秀才，曹司重以启素，素志在试退正玄，乃使拟相如上林赋、王褒圣主得贤臣颂、班固燕然山铭、张载剑阁铭、曰：“我不能为君住宿，可至未时令就。”正玄及时并了，素读数遍，大惊曰：“诚好秀才！”命曹司录奏。（见《隋书》卷二《高祖纪下》）这段佳话描述了林正玄靠才华折服当权的宰相杨素，同时也说明，当时的常贡中就有秀才一科。

秀才科在魏梁齐陈，主要是考察士子的文学才能，因为当时察举秀才大部分仍然为贵戚门阀，不过是改变一下他们的入仕途径，并非真正从下层选拔有真才实学的人。北周平北齐后，宣帝宣政元年（578）下诏：“州举高才博学者为秀才。”这样其着眼点就不止是单纯的文才了。到了隋朝，秀才试方略策，虽然仍然是试策，但开始侧重考察策文的内容了，明确提出政治见识方面的要求。这对应试者来说，无疑增加了不小的难度。难怪隋朝称其秀才科为“秀异之贡”。（见《隋书》卷七六）正因为一般的读书人不敢轻易应考，才会出现开皇十五年只有杜正玄传一人应举。据记载，有隋一代秀才及第者也不过十余人。

隋文帝时，常贡的科目，主要有秀才和明经两科。明经科在开皇期间及第的只有韦云起一人。明经由国子学和州县学的生徒或州贡举的士子升进于朝进行考试。当时，隋文帝曾经下令“国子生通一经者，并悉荐举，将擢用之”。策试者达四五百人之多。（见《隋书》卷七五）开皇初年，隋朝有二百一十一州，州岁贡三人，这样每年可贡六百人之多，其中大部分是应明经举。遗憾的是，及第者几乎都没有在历史上留下什么痕迹。隋炀帝继位以后，选拔人才的问题尤为显得突出。大业三年（607）四月，隋炀帝下令以孝悌有闻、德行敦厚、节义可称、操履清洁、强毅正直、执宪不挠、学业优敏、文才美秀、才堪将略和膂力骁勇等十科举人，并且要求只要有一艺可取，亦宜采录，不必求全责备。在具体实践中，隋炀帝除了不断诏令举荐，还特别抓紧了常科的建设，在保留秀才、明经科的同时，还设立了进士科。唐肃宗时杨绾疏云：“近炀帝始置进士科，当时就试策而已。”（见《旧唐书》卷一一九）其实唐代初期，进士试时务策五道，也就是沿袭隋炀帝时的制度。

科举虽然发端于隋朝，由于隋朝存在的时间短暂，所以应该说科举在唐代才得以走上正轨。唐代科举具有明显的创始性，许多规制和办法或直接为后世所沿袭，或为后世的科举打下了基础。有唐一代，策文几乎可以说是唯一专用于科举考试的文体，除此之外，其他文体极少见用。如诗、赋、箴、铭、论、表等，虽然为科举考试所用，但同时也应用于其他的场合。而且在科举考试诸文体中，策文的使用频率最高，覆盖范围最大，所居地位也最显得重要。唐

○隋文帝亲临考场

人的策文作品多得惊人，但是传世之作并不多，《文苑英华》仅三十卷，可谓九牛一毛、冰山一角。究其原因，可能与后世视前人应试之作为无用而不甚重视有关。

试策是设题指事，由应试者做文章，颇类似于现今的命题作文。根据题目要求不同，又分为方略策、时务策、经史策等类型。唐前期，秀才科试方略策，进士科试时务策，明经科试经史策。至唐后期在礼部常科考试中，普遍采用策问形式。策问是有相当难度的，它要求考生熟读经史，善于观察、思考社会现实问题，对一些重大的历史现象和社会现象有独到见解，也要有较高的写作技巧、华丽的文采和鲜明的思想主张。

但是，策问考试也和其他考试一样，沿袭既久，题目未免陈旧。以世代相因之题来解决繁杂多变的社会问题，常常显得脱离实际。虽然策问考试存在许多弊端，并不时有人要求革除，但它毕竟是一种比较切合实际的考试方法，并且难度相当大，容易拉开区分度，便于筛选、鉴别，同时，也很难找到更好的方式代替它，因而一直被保留下来，成为唐代科举考试中最主要的试项。文宗大和年间(827—835年)，廷议对对策争论较大，几经停复，最后确定在策问5道试题中经史3道，时务2道，贯彻经史与时务兼顾的原则，成为唐后期各类科举考试和铨选考试最基本的项目之一。

唐代试策的主要科目

如果想了解唐代科举考试中的试策情况，首先应该知道唐代科举的大致情况。唐代“科举”是一个分科考试选才任官体系。就大体而言，有“常科”和“制举”两大系统；常科中又有“明经”、“进士”两个主要系列；“明经”系统中，又可区分为“常明经”、“准明经”、“类明经”；进士系列又可区分为“常进士”和“类进士”；然后才是具体的科目。

明经科

从传统的意义上说，明经的名称早在汉代就已经出现了。南北朝的察举，也都以明经立科，比起进士科来，明经的历史要悠久得多。而且明经以儒家经典作为考试内容，因此具有正统的地位。一开始，明经科要高于进士科，叙阶[①]时明经科及第者也要比进士科及第者高一阶。在唐高宗、武则天时期，从明经科中也确实出现了一批拥有卓越才能的政治家。代表人物有张文瓘，贞观初举明经，历任并州参军、水部员外郎、云阳令，乾封二年（667）由东台舍人（即给事中，正五品上阶）擢升为宰相。上元二年（675）拜侍中后“高宗甚委之”，是当时政治上起主导性的人物。（见《旧唐书》卷八五）除此之外，历史上影响最大的两个宰相李昭德和狄仁杰也都是明经出身。《旧唐书》卷一百所载的睿宗、玄宗时十一位名德兼著的大臣中，其中尹思贞、李杰、苏珦、卢从愿、王丘（童子举）裴漼（大礼举）等六人都是从明经或者明经系中其他科目出身的。

到了贞元、元和之际，社会上对明经和进士的“贱此贵彼”现象才明显起来。贞元九年（793）元稹明经科及第。当时正在准备考进士的李贺善为歌篇，声名远播。元稹很想与李贺结交为友。“一日，执贽造门，贺览刺不容，遽令仆人谓曰：‘明经擢第，何事来看李贺’。”（见《剧谈录》卷下）可见对明经的轻蔑程度已经到了明目张胆的程度。明经科地位的明显下降是在安史之乱之后，究其原因，大致有这样几个原因：一是传统经学的衰落，这是明经科地位下降的基本原因。明经考试考的是儒家经典，经学的盛衰直接关系到明经科的盛衰。从高宗、武则天到唐玄宗，从皇帝到一般的地方官员与士人，对于汉儒为了把封建等级关系固定化而宣扬的天人感应的天命论等一套儒家学说都不感兴趣，因而经学也就一直没有受

---

① 编者注：叙阶，按资历或功绩提升官吏的品级。《宋史·职官志十》：“叙阶之法……京朝官、幕职自将仕郎至朝奉郎，每加五阶，至朝散大夫以上，每加一阶。”

到唐朝统治者的足够重视，既不重用精于经学之士，更不提倡经义的研究。在这样的情形之下，士子学习儒家经典，纯粹是为了考试，就像开元八年（720）李元瓘说的那样："今明经所习，务在出身。"完全作为一种取得出身资格的敲门砖。二是明经制度本身所存在的问题，也可以看作是其地位下降的内在原因。据《通典》卷十五载，明经在唐初科和进士科一样，"其初止试策"，"至调露二年（680）考功员外郎刘思立始奏二科并加贴经。"试策着重是对经义的理解，这对于有志于识古通今的士子留有发挥的余地，可以用此来选拔一些经世治国的人才。可是对于那些只求出身的人来说，也出现了《参流明经进士诏》中所指出的"如闻明经试策，不读正经，抄撮义条，才有数卷"（见《唐会要》卷七五）的情况，他们不是认真学习应考时必读的有关经书，而是把与对策有关的章疏义条抄录下来加以背诵，结果是有的士子连章句也不辨，连经书也不能顺利地读下来。正因为如此，为了让士子去阅读正经，刘思立才建议加试贴经。具体要求为："明经每经贴十得六以上者，……然后令试策"。（见《唐会要》卷七五）开元二十五年（737）以后，原来的墨策改为口问大义二条，取通六以上，同时加试时务策，取粗有文理者，这样对明经又提出了文学方面的要求。也就是《封氏闻见录·贡举》中说的那样："其后明经停墨策，试口义，并时务策三道。"

"常明经"是唐代明经系列中地位最为巩固、实行最为常规化的明经科，所谓的明经，说得通俗一点，也就是明了儒家的经义而已。明经科主要是通过考察儒家经典来选拔人才的。唐代明经系列各科目，几乎都是试策一项，或者说，除了个别科目（如童子、明算），是否试策需要进一步考实之外，其他所有明经科目都必须试策；明经考试的发展大抵是这样一个脉络：一开始"止试策"，策为这一时期的唯一试项；后来虽为贴经与策两项，但贴经系增加的加试项，试策仍为其根本的试项；发展到最后，有贴经、问义和时务策三项，仍然没有脱离“策”的属性，策还是根本的试项，足见其地位的重要。正因为重要，无论是在两项试还是三项试的体制里，试策始终放在最后一项进行，这使试策具有最终决定及第与否和及第等级高下的关键作用；在明经考试中，试“贴经”主要考查经学“常识”，而试策主要是考查理解、发挥和应用，是相对高于“常识”的素质和能力，明经各科的职能和意义，主要是由试策来承担和落实的。另外，明经系列所试策种也比较多，儒经、道经、历史、律令、书法等，皆可形之于“策”，这意味着，在当时的条件下，试策是明经各科考查应试者水平的最有效而常用的手段。所以，从这个意义上说，称唐代明经科是“以策取士”并不为过。

另外，明经所试之策与进士所试之策，也有着明显的不同，也就是说，虽然都是“策”，但明经更强调“经义”内涵、“章句”功夫等“学业”水平；进士则更强调“史传”内涵、“文词”艺能等“文理”水平。

进士科

进士科是唐人取士制度的另一主要途径，其中有“常进士”和“类进士”之别，在常进士中也有正例和特例之分。试策在唐代进士系列各科考试中的地位，比在明经系列还要重要，而且无一例外地各科都必须试策。有的科目始终只有试策一项，如“旧秀才”；在有两个或两个以上试项时，试策总是作为最后一个试项，从而对及第与否起到关键性作用；进士系列各科试策，在内容上多以方略和时务为主，在数量上一般都在三道以上，常进士的试策大抵稳定为五道，在标准上大多文理惬当，华实兼举，较之明经系列试策要求更高；进士科的多项试制，是通过不断“加试”来完成的，而所有的添加都是在试策的基础上和前提下进行的。这就是说，试策具有基础性和根本性的意义；进士科的试策制度自唐代之初确定到终唐之时趋于成熟，尽管有些变化和反复，但皆不足以动摇和否定试策在进士科举中的重要地位。因此，我们更有理由认为，唐代的进士科也是“以策取士”。

进士科的“三项试制”的真正确立，应以开元二十五年的《条制考试明经进士诏》为标志。《条制诏》在促使明经、进士两科更趋靠拢的同时，也使进士科的地位变得更为重要了。而且试策的地位更加突出了。表面上看，试项的增多，似乎会分散对试策的注意力，但实际上更能显现出试策的重要。在唐代的进士科试制中，试策不仅是一个最传统的试项，而且是一个最稳固的试项，同时又是一个始终放在最后的试项。须知进士三场试是每场淘汰试，试策放在最后，就如同“决赛”，前两项就像是“预赛”。预赛的成绩固然重要，但它并不直接决定着及第与否和及第后的等级高低；只有决赛才能决定这一切。而决赛所比赛的“时务策”也最能表现参赛者的综合素质与水平，是一届考试的重头戏和压轴戏。因此，理所当然引起上下各方对试策的高度重视。

穆宗长庆元年（821），庞严在制科的对策中说：“今朝廷开取士之门不为不广，其中选拔精详，望为俊彦者通于进士，中外之重，擢清秩、选于是者十八九，诚有才有器亦尽萃其中。”（见《文苑英华》卷四九〇庞严《对贤良方正能直言极谏策》）进士科在人们心目中声名日盛，是与此科得人最盛分不开的。最著名的就是德宗贞元八年（792）的“龙虎榜”，当时主管科考的陆贽听取了补阙梁肃、郎中王础的推荐，通过考试录取了二十三名进士，其中的王涯、李绛、崔群等官至宰相；韩愈、欧阳詹、李观为文学家，冯宿、庾承宣也为中唐名臣，尤其是“文起八代之衰”、维护儒学道统的韩愈名列其中，更使这一“龙虎榜”成为中国科举史上的著名科榜。

进士科受世人重视，与时俗所尚、众望所归最有关。《唐国史补》说：“进士科始于隋大业中，盛于贞观、永徽之际。缙绅虽位极人臣，不由进士者，终不为美。以至岁贡，恒不减八九百。其推重谓‘白衣公卿’，又曰‘一品白衫’；其艰难谓之‘三十老明经，五十少进士’。其负倜傥之才，变通之术，苏、张之辩说，荆、聂之胆气，仲由之武勇，子房之筹划，弘羊之书算，方朔之诙谐，咸以是而晦之，修身慎行，虽处子之不若，其有老死于文场者，亦无所恨。”由此可见，人们看重进士科，主要是觉得有此出身的人都具备多方面的才能，也使一些饱学之士，只应此科，而对别的科不屑一顾，进士出身渐渐成为出仕的唯一“正途”，有的人甚至不以进士擢第而成为士大夫们的“平生一恨”。到了唐代末期，从进士出身的官员中选拔宰相和高级官员，已经成为朝廷选官的一项基本原则。僖宗乾符二年（875）正月，更是敕令：“进士策名，向来所重，由此从官，第一出身。”（见宋敏求编、洪丕模等点校《唐大诏令集》卷一〇六），所有这些都深刻地反映了“唯进士是贵”的社会风尚。

制举科

具体说到唐代制举的试策，若就狭义制举而言，除极个别科目和场合外，可以认为所有的科目都只有试策一项，因而可以说是一个完全信赖试策的人才选拔制度，是典型的“唯策取士”；若就广义制举而言，其考试的形式、文体以及数量等虽然复杂一些，但试策仍为其最主要的项目，是其主体和核心。其他一些形式和文体的考试，往往也是对试策的变相和借鉴。因此，总体说来，制举是唐代科举中试策地位最为至高无上的科目系统。

从唐德宗建中元年（780）以后，制科科目逐渐固定下来，主要有贤良方正直言极谏、博通坟典达于教化、军谋宏远堪任将帅、详明政术可以理人等四科，其中又以贤良方正直言极谏科最为常用。也最著名。此科既然鼓励应试者“直言极谏”，于是便有一些考生在对策中慷慨陈词、指陈时弊。贞元元年（785），穆质便在贤良科的对策中批评当时的礼部、吏部取士“广张节支，妄设条格，禁御约束，邻诸盗贼，防贤之意，甚于防奸”，乖违求贤本意。对策还把天灾的原因归罪于宰相和宦官，甚至援引汉代故事说“若两汉旧仪，三公当免，卜式著议，弘羊可烹”（见《文苑英华》卷四八六穆质《贤良方正能直言极谏策》）其措词非常激烈，以至于考官对录取穆质产生了不同的看法，虽然他最终还是高第登科，但这件事足以说明这一科目是很容易引起纷争的。

制举应试者，少则数人数十人，多则数百上千人，其规模之大，往往也是非常科可比。这就意味着不论是尚未入仕的举子，还是已经入仕的官吏，其中都有大量的人处在习策——写策——试策的过程中，其策文的制作量必将是非常庞大的，这正是唐代文人和文学的重要组成部分。

唐代君主对制举的高度重视和对应试者的优越礼遇，诸如荐送、接见、临试、审阅、取第、处分、授官等方面，其规格和礼遇都优于常科。其根本原因在于常科选拔的是“一般”人才，而制举选拔的是“非常”人才。《文献通考》云：“汉策问贤良，非试之也，延于大殿，天子称制，访以理道，其事重矣。”（见《文献通考》卷二九《选举考二》引致堂胡氏语）吕思勉尝谓：“射策者，疑其人之不能而试之。对策则以其人为贤知而问之。”（见《吕思勉读史札记》戊帙《通代·策试之制上》）此虽言汉制，亦可用来说明唐制。“射策”大约相当于唐代前期的明经试策，“对策”大约相当于唐代的制举试策。正是由于唐代制举旨在搜扬非常之人，特别是其中有不少已具一定地位的官员应试，朝廷才会如此隆重礼遇。然则制举几乎从汉代开始，就带有名为求贤，实为求策的特征，唐中叶以还，君主对“策”的关注有时甚至对其“人”的关注，故礼遇其人，实为礼遇其策。这种对待上的不同，还体现在考试的简便上，如应制举者一般无须经受试贴经和杂文之苦，只需专心应对策问即可，这也是很多人乐于参加制举考试的原因之一。

由于唐代制举通常只有试策一项，许多文献材料在记载时，往往都直接称其为“策试”或“制策”，皇上在诏制中则表示“亲当策试”，而不言亲试其他项目。如谓张柬之“永昌元年（689），以贤良征试，同时策者千余人，柬之独为当时第一，擢拜监察御史。”（见《旧唐书》卷九一《张柬之传》）在唐代制举科试策中，曾有两件大事在中国的科举史上引起重大影响。如唐宪宗元和三年（808），策“贤良方正”，进士出身的皇甫湜、牛僧孺、李宗闵等人的对策，指斥时政，言词激切，考官杨于陵、韦贯之甚为赞赏，将他们三个取为前三名，答卷送给翰林学士裴垍、王涯等复审，裴等也没表明不同意见。但是宰相李吉甫对于他们三人的指责却甚为不满。与此同时，一些落第者又煽风点火，借题发挥，指责考官们包庇这几个人，尤其是指责王涯袒护其外甥皇甫湜。结果事情越闹越大，最后朝廷将杨于陵、韦贯之、王涯贬官出京，裴垍被罢免翰林学士。及第者的授官也比常规大为压减，第一名的牛僧孺只被任为伊阙县尉，直到元和七年李吉甫去世后，他才得以回京任监察御史。后来便形成了以牛僧孺、李宗闵为首与李吉甫之子李德裕为首的势不两立的两大朋党，而且他们三个人都是宰相，以至于“牛李党争”影响到中唐政治生活中的各个方面，并蔓延了长达四十年之久。由此史学界都认为，元和三年的制举科策试，是引发牛李党争的导火索。

另一件是唐文宗太和二年（828）的“贤良、直谏”科，以刘蕡的下第之事闻名后世。唐文宗即位时，曾得力于掌握禁军的宦官，当时宦臣内控于皇帝，外预朝政，极为横暴。当时应考者百余人，唯独刘蕡在对策中指责这些宦官大臣，并指出这种现象得不到改变，将危及社稷。考官冯宿、贾餗、庞严等看了刘蕡的对策都很赞赏，“以为汉之晁（错）、董（仲舒）不能过之”。但是他的策文却惹怒了那些宦官，考官自然也得看这些宦官的眼色，所以不敢录取刘蕡。《旧唐书》说，刘蕡下第，“物论喧然不平之。守道正人传读其文，至有相对垂泣者。谏官、御史扼腕愤发。”而那些宰相们也只能是空空慨叹，以免惹来不必要的麻烦。

有一个登科者李郃愤世嫉俗，仗义执言，他公然声称，刘蕡不能及第，我辈登科，实在觉得羞愧。而且他还直言上书，表示愿意把自己的科名让给刘蕡。皇帝权作不知，宦官们却恼羞成怒，当时的宦官仇士良质问杨嗣复，当初为什么录取刘蕡这样的疯子为进士？杨嗣复回答说："我录取他的时候，他并没有疯呀"。结果无论是刘蕡，还是李郃，都落下可悲的下场，两个人得不到重用，只有令孤楚、牛僧孺在地方的节度使任上，聘他们为幕僚，而刘蕡以一篇策文而名闻天下，虽然刘蕡未能制策登科，但他却成为中国科举史上的著名人物。清末张之洞、陈宝箴在《湖督、抚会议科举新章并请酌改诗赋小楷试法疏》谈到殿试时说："临轩发策，登进贤良，自宜求得正谊明道如董仲舒，极言极谏如刘蕡者而用之。"（见《张文襄全集》奏议卷四八）可见大和二年刘蕡的对策已成为历史上最为著名的制科对策案例而名垂青史。一千一百余年后的1958年，毛泽东读《旧唐书·刘蕡传》，感叹他敢于直言而触怒宦官的命运，挥笔写下一首七绝："千载长天起大云，中唐俊伟有刘蕡。孤鸿铩羽悲鸣镝，万马齐喑叫一声。"

制举科还有一个特点，就是它的考试科目不是固定的，随意性很强，而且其科目显得过多过滥。虽然说并非纯粹出于皇帝个人的灵机一动，但也是根据一定的政治需要而开科的。其科目用封演的话说，就是"名目甚众"（见《封氏闻见记》卷三《制科》）从高宗显庆三年（658）到文宗大和二年（828）一百七十年间去其重复，总共有六十三个科目，即：志烈秋霜科、幽素科、辞殚文律科、岳牧科、辞标文苑科、蓄文藻之思科、抱儒之业科、临难不顾徇节宁邦科、长才广度沉迹下僚科、文艺优长科、绝伦科、拔萃科、疾恶科、龚黄科、才膺管乐科、才高位下科、才堪经邦科、贤良方正科、抱器怀能科、茂才异等科、文经邦国科、藻思清华科、寄以宣风则能兴化变俗科、道侔伊吕科、手笔俊拔超越流辈科、直言极谏科、哲人骑士逸沦屠钓科、良才异等科、文儒异等科、文史兼优科、博学通艺科、方辞雅丽科、将帅科、武足安边科、高才沉沦草泽自举科、才高未达沉迹下僚科、博学宏词科、多才科、王伯科、智谋将帅科、文辞秀逸科、风雅古调科、辞藻宏丽科、乐道安贫科、讽谏主文科、贤良方正能直言极谏科、文辞清丽科、经学优深科、高蹈丘园科、军谋越众科、孝弟力田闻于乡闾科、博通坟典达于教化科、识洞韬略堪任将相科、清廉守节政术可称堪县令科、博通坟典通于教化科、详明政术可以理人科、才识兼茂明于体用科、达于吏治可使从政科、军谋宏达材任将帅科、详明吏治达于教化科、军谋宏达材任边将科、详明吏理达于教化科、军谋宏达堪任将帅科。明眼人一看就知道，这六十三个科目，有的不过是文字上稍有差异，大体地说，有试文艺辞藻的，有试经学的，有试吏治的，有试军事的，有试品行的，如此等等，不一而足。

策文文风的变化

进士科策文

唐代初期，衡量进士策文优劣的标准，不是看文章的内容，而是看文章的词华。当时的公文奏议不尚文华，文采虽然有高低之分，但在内容上都是言之有物、有的放矢的。可是，那时的公文毕竟仍然沿用骈体文，特别是以皇帝的名义发布的制勒、赦文和册书，由各种典故和华丽辞藻构成的空话，占去了相当大的篇幅。这种南北朝以来的浮艳文风，也影响到进士的策文。

《文苑英华》载有贞观元年和贞观二十年的策进士问，以及上官仪、张昌龄等的对策。在这里我们不妨列举贞观元年（627）的两道策问以及上官仪的两道对策。

用刑宽猛策问：狱市之寄，自昔为难；宽猛之宜，当今不易。缓则物情恣其诈，急则奸人无所容，曹相国所以殷勤，路廷尉于焉太息。韦弦折衷，历代未闻，轻重浅深，伫承嘉议。（见《文苑英华》卷四九七）

求贤策问：棘津登辅，不因阶于尺木；莘郊作相，岂凭资于累迁。盖道有攸存，时无可废，爰暨浇讹，必循班序，先容乃器，因地拔萃，共相沿袭，遂成标准。今圣上务切悬旌，心摇启繇，虽衣冠华胤，已齐迁于周列；而衡泌幽人，罕遥集于魏鼎。岂英灵不孕于山泽，将物理自系于古今。无蔽尔辞，切陈其致。（见《文苑英华》卷五〇二）

很显然，这两道策问，前者是关于审判案件的，提出如何宽猛相济、缓急折衷；后者是关于选拔人才的，提出如何不论资排辈，不拘一格擢用贤能之士，以充实刚刚建立起来的新政权。两道策问其实都是围绕如何调整阶级关系或地方阶级的内部关系，以巩固新王朝统治的时代特点。上官仪的对策云：

攘袂九流，披怀万古，览玉篆之奥义，觌金简之遗文，睹皇王临御之迹，详政术枢机之旨，莫不则乾纲而张礼乐，法霆震而置威刑。纵使轩去鼎湖，非无涿鹿之戮；舜辞雷泽，遂有崇山之诛。自皋陶不嗣，忿生长往，甫侯设法，徒有说于轻重，子产铸书，竟无救于衰败。是知风淳俗厚，草艾而可惩；主僻时昏，黥凿而犹犯。我君出震继天，承图宰化，孕十尧而遐举，吞九舜而上征。犹以为周书三典，既疏远而难从；汉律九章，已偏杂而无准。方当采韦弦于往古，施折衷于当今。若能诏彼刑章，定金科之取舍，征其张赵，平丹书之去留；必使楚国受金，不为庄生所责；长陵盗土，必用张予之言。谨对。（见《文苑英华》卷四九七）

正像傅璇琮先生说的那样："如果说策问中还多少表现出当世之务的话，那么这两道对策完全是堆砌辞藻，内容上除了对于当今圣朝的颂扬以外，再也找不出联系实际、陈当代之急的任何一点现实的影子。初唐时期的这些进士策文，我们完全可以把它们当作精致工丽的骈文来看待，而它们实际上也是一种赋体。”

贞观二十年（646）的策文，留存下来的仅有张昌龄、田备、郝连梵等人的三篇。据《封氏闻见记校注》卷三《贡举》记载，当时王师旦为考功员外郎，“冀州进士张昌龄、王公瑾并文词俊楚，声振京邑。师旦考其文策为下等，举朝不知所以。及奏等第，太宗怪无昌龄等名，问师旦。师旦曰：‘此辈诚有词华，然其体轻薄，文章浮艳，必不成令器。臣擢之，恐后生仿效，有变陛下风俗’。”应该说，师旦的话是比较符合实际的，称其为“其体轻薄，文章浮艳”是恰如其分的，即便这样，他又能“声振京邑”，这就说明，这种浮艳文风朝廷是认可的，从皇帝到众臣，也都是把文章词华看作是进士及第的可行标准。

制举科策文

制举科，一般的也称为制科。制科一般只考对策，天宝十三载词藻鸿丽科策问之外，还分别考诗赋各一道，一般都说“制举试诗赋，自此始。”（同《唐会要》卷七六《制科举》）但据现在所见材料，此后基本上没有再试过诗赋。试策题目的数目一开始并没有规定。“永淳二年（683）三月敕，令应诏举人并试策三道，即为永例。”（见《唐会要》卷七五《贴经条例》）此后一般的情况下都是三道，至于说开元九年玄宗亲试应制举人敕，“古有三道，朕今减其二策。”（见《册府元龟》卷六四三《考试一》）只是一种临时性的措施。试策的题目一般都是由专门的从拟出，皇帝偶尔也亲自出试题。调露元年（679）岳牧举，高宗即“御制词目以试之”。但有一点，不论由谁出题，由于是由皇帝下令组织考试的，因此，其策问多是以皇帝的口气发问。

唐代前期的对策，不论问题提得多么现实，答策者都要以历史典故的堆砌或儒家经典的引证来敷衍成文。因为敷衍成文，所以多是一些不着边际的话语，作为对策问的回答。如证圣元年（695）张漪对长才广度、沈迹下僚科策问，神龙三年（707）苏晋对贤良方正科策问都是这样。一般来说，评卷时主要也是看文才，“若其文擅清奇，便充甲等；藻思微减，便即告归。”针对这种重形式、轻内容的做法，天授年间左补阙薛谦光曾建议高宗降明制、颁峻科，“断浮虚之饰词，收实用之良策；不取无稽之说，必求忠告之言。文则试以效官，武则令其守御，始则察言观行，终亦循名责实，自然侥幸滥吹之伍，无所藏舂妄庸。”（以上见《旧唐书》卷一〇一《薛登传》）由于当时社会上重文学的风气已成气候，薛谦光的建议并没有引起高宗和众大臣的重视，而这种重形式、轻内容的现象愈演愈烈。当时只有天册万岁年间崔沔对贤良方正科策问，敢于揭示问题，提出了解决问题的方略。所以典试官梁载言、陈子昂感叹地说，就是公孙弘和晁错也赶不上他啊！（见《全唐文》卷三三八）

唐朝后期的策文，特别是贞元、元和（785—820）之际，情况就开始有所改观了。不仅科目就以直言极谏命名，而且策问本身也提出一些现实中很难解决的问题。很多对策敢于指陈时政得失，大胆地提出解决问题的方略。许多应考者在考试前就精心准备，等到了考场上，左右逢源，侃侃而谈，一篇篇场屋中的力作就这样出笼了。如元稹和白居易“将应制举，闭门累月，揣摩当代之事，构成策目七十五门”。（见《白香山集》卷四十五《策林序》）由于这个原因，在唐代后期出现了许多有名的对策，而且策问也因对策的流传而得以保存下来。

但是策问考试也和其他考试一样，沿袭既久，题目未免陈旧，以世代相因之题来解决繁杂多变的社会问题，常常显得脱离实际，而且生员们为了应付对策，就把前人的对策编缀起来，加以背诵，以便在遇到类似的策问试题时，可以改头换面，依样画葫芦加以模仿套用，这样便造成考生“不寻史传，唯独旧策”的弊端，以致选才非人。虽然策问考试存在许多弊端，并不时有人要求革除，但它毕竟是一种比较切合实际的考试方法，并且难度相当大，容易拉开区分度，便于筛选、鉴别。同时也很难找到更好的方式代替它，因而一直被保留下来。唐文宗大和年间（827—835），廷议对对策争议较大，几经停复，最后确定在策问五道试题中经史三道，时务二道，贯彻经史与时务兼顾的原则，成为唐后期各类考试最基本的科目之一。

策文的空疏之弊

任何一种文体，只要用于科举，就会立见其弊，科举这种强烈的功利色彩就会使它世俗化。策试也是一样，唐代的科举制度不太严密，也给策试带来弊端。长庆元年，钱徽主试，录取郑朗等，复试言辞鄙谬。于是皇帝下诏：“国家设文学之科，本求才实，苟容侥幸，则异至公。访闻近日浮薄之徒，扇为朋党，谓之关节，干扰主司，每岁策名，无不先定。永言败俗，深用兴怀。郑朗等昨令重试，意在精覆艺能，不于异常之中，固求深僻题目，贵令所试成就，以观学艺深浅。孤竹管是祭天之乐，出于《周礼》正经，阅其呈试之文，都不知其本事。辞律鄙浅，芜累何多……自今后礼部举人，宜准开元二十五年敕，及第人所试杂文并策，送中书门下详复。”从此开了策试文章复勘的先例。其实在很早以前，这种弊端就已经明显化了，高宗时刘思立的改革，请贴经以观其学，试杂文以观其才，也是为防止试策的流弊而设的。调露二年四月，刘思立除考功考员外郎。先时，进士但试策而已，思立以其浅薄，奏请贴经、杂文，自后因以为常式。（见《册府元龟》卷六三九《条制一》）

这种现象当然不限于有唐一代，后来的宋代策也同样有此弊。明丘濬说：“故于策场所谓古今制度、前代治迹、当世要务，有不暇致力焉……间有一二策学者，又以前场不称，略不经目。宋初沿之，然皆试以诗赋，至是神宗始试以策，至今用之。方是时，苏轼为编排官，见一时举人所试策，多阿谀顺旨，乃拟一道以进，大略谓：科场之文，风俗所系，所收者天下莫不以为法，所弃者天下莫不以为戒，今始以策取士，而士之在甲科者多以諂谀得之。天下观望，谁敢不然。风格一变，不可复返，正人衰微则国随之。噫，观轼兹言，则知朝廷以言试士虽若虚文，而一时人心之邪正，国势之兴衰，实关于此。”（见丘浚《大学衍义补》）策论一旦不是发自肺腑而当成文章来写，尤其是那种博取功名的科举文章来写，即不免这样“阿谀顺旨”的。在写作上也是日渐趋向套路，趋向程式化。

宋元的试策

宋代继承了唐朝的科举考试制度并加以完善，对元、明、清三代产生了深远的影响。我们在欣赏唐宋人的诗集时，很少能看到他们的应试诗收入集中，但古文则不然。唐宋八大家中宋代居然占了六家，集子里有不少科场里所作的策论，而且有些文章还流传颇广，脍炙人口。这就说明一个问题，策论在宋代与古文一样是被当作文章看待的，并不因为是科举的文章而遭到作者和编者的遗弃。

宋朝科举考试按种类划分，主要有贡举、制举、词科、武举、童子举等，其中以贡举取士数量最多，地位最重要。宋朝前期，贡举常科包括进士、诸科、明经等科目，其中进士科始终是最受重视的科目。进士科考试的题型有诗、赋、策、论、贴经、墨义等。诗赋主要是测试举人的文词；贴经，是把经书中的主要词句贴住，令考生填充；墨义，指以书面的形式用经书（包括经书原文和注疏）上的原话回答问题；策、论则是一种政论性很强的综合性考试，考题从经史或时务中出，多提问一些与治理国家有关的内容。策，一次考五道，以设定的“问目”为范围；论，相当于命题作文，一次考一道。策论既可考察举子的文词，又可见其经学修养和对时政的熟悉程度以及运用经术解决实际问题的能力。

宋元时期的试策尽管是时断时续，但就总体而言，试策一直是科考中的一个重要科目，尤其是殿试成为定制以后，试策更显现出至关重要的作用。因为就考试内容而言，仅试策一项。在这里，不妨让我们回顾一下殿试制度的起源和试策定制产生的来龙去脉。

殿试制度的起源

殿试作为一种制度，实肇始于北宋。宋太祖晚年，由于多次亲自参与对新科进士的考察和录取，及时发现了许多弊端。开宝五年（972）他先召新进士于讲武殿，然后下诏放榜，此实为殿试之渐。第二年，翰林学士李昉知贡举，取进士宋准等十一人，太祖召见奏名进士时，发现其中武济川“材质最陋，对问失次”，将其黜去。与此同时，落第进士徐士廉等“击登闻鼓，诉昉用情，取舍非当”（见《资治通鉴长编》卷一四），太祖当晚在殿庭召见了诉屈者，徐士廉向太祖进言，建议举行殿试，他奏道：

“方今中外兵百万，提强黜弱，日决自上，前出无敢悖者。惟岁取儒为吏，官下百数，常常赘戾，以期授于人而不自决致也。为国家天下，止文与武二柄取士耳，无为其下鬻恩也。”（见柳开《河东集》卷八）

太祖采纳了他的建议，十几天后登讲武殿对终场下第举人三百六十人中，挑选出一百九十五人，连同宋准等人一并进行复试，最终录取进士二十六人，五经四人，天元礼七人，三礼三十八人，三传二十六人，三史三人，学究十八人，明法五人，皆赐及第。李昉等人自然受到了处罚。从此开了殿试复试的先例，殿试成为制度化的最高一级的考试。太祖曾踌躇满志地说：“向者登科名级，多为世家所取，致塞孤寒之路，甚无谓也。今朕躬亲临试，以可否进退，尽革畴昔之弊矣。”（见《资治通鉴长编》卷一六）虽然话说得过于绝对，但却反映了太祖对殿试所寄予的厚望。

太祖、太宗两朝，殿试制度为草创时期，无论考校程式，或者

○殿试场景

是考官设置，都没有形成定规。到了宋真宗时，他尤其重视儒学，诸如科场条例等等，才逐步完善起来。大中祥符四年（1011），大学士陈彭年等奏诏制定了《亲试进士条制》文云：

“凡策士，即殿两庑张帟，列几席，标姓名其上。先一日表其次序，揭示阙外，翌日拜阙下，乃入就席。试卷，内臣收之，付编排官，去其卷首乡贯状，别以字号第之，付封弥誊写校勘，用御书校印，付（初）考官定等毕，复封弥送覆考官再定等。编排官阅其同异，未同者再考之，如复不同，即以相附近者为定。始取乡贯状字号合之，即第其姓名，差次，并试卷以闻。”（见《宋史》卷一五五）

殿试虽然也称“策士”，但真正意义上的试策起于宋神宗熙宁三年（1070）王安石改革科举，罢废诗赋、明经诸科，进士殿试改试策一道，而且成为定制。而且规定，进士诸科考试，各以一日为限。北宋时不允许举烛夜试。直到南宋时才开始有了变化，因为殿庭昏暗，可以赐烛。但经过赐烛答完的试卷，要分别降等。具体说来“赐烛，正奏名降一甲，如在第五甲，降充末甲末名；特奏名降一等，如在第五等，与摄助教。”（见《两朝纲目备要》卷五）尽管如此，但史书上记载，当时夜试的举人很多，后来这项制度也就形同虚设了。

试策定制的产生

宋代之初，受唐朝重视诗赋风气的影响，进士主要考试诗赋，并贴《论语》十条，对《春秋》或《礼记》十条。真宗朝增加了策论考试。考试顺序是先诗赋，后策论，但在最终评定等级时，往往“以诗、赋进退，不考文、论。”（见李焘《续资治通鉴长编》卷六十八）由于诗赋只注重文词修饰，内容往往是歌功颂德、装点升平，于国计民生关系不大。有识之士逐渐认识到“进士以诗、赋定去留”，不能选拔出真正的经国济世之才。他们纷纷请求朝廷提高策、论在科举考试中的地位，天圣五年（1027）仁宗诏令“将来考试进士，不得只于诗、赋进退等第，今后参考策、论，以定优劣。”（见徐松《宋会要辑稿·选举》三）

科考中究竟是以诗赋、还是以策论为主？在宋代的科举史上有一场非同小可的讨论，即：经术取士与文学取士的进退。所谓的经术，是指中国传统的经学儒术；文学是指注重形象思维的文章辞藻。究竟是以经学知识为考试主要内容，还是以诗赋文学等为考试的主要内容？从唐代一直到宋代，一直是个争论不休的题目。而且到了宋代，经术与诗赋之争愈演愈烈。在北宋中叶的两派争论中，范仲淹、司马光、王安石等是经术派的代表人物，欧阳修、苏轼等是文学派的代表人物。

在范仲淹看来：“六经传治国治人之道，而国家乃专以辞赋取进士，以墨义取诸科，士皆舍大方而趋小道，虽济济盈庭，求有才有识者十无一二……其取士之科，即以贾昌朝等起请：进士先策论而后诗赋，诸科墨义之外更通经旨，使人不专辞藻，必明事理，则天下讲学必兴，浮薄知劝，最为重要。”显然，范仲淹明确反对进士科考试中过分倚重诗赋的做法。并在“庆历新政”中规定：进士科三场考试的次序为：先试策，次试论，最后才试诗赋；同时罢去贴经、墨义等考试形式。“其考校进士，以策论高、词赋次者为优等；策论平、词赋优者，为次等。”（以上见《续资治通鉴》卷四六）这一评判标准刚一出笼，就遭到一些人的强烈反对，他们的理由是“诗赋声病易考，而策论汗漫难知，祖宗以来，莫之有改，得人尝多，乃诏一依旧条。”（见《文献通考》卷三一）这样一来，又恢复了原来的方法。

这个问题其实也是王安石科举改革的中心，能否解决好这个矛盾，从某种意义上说，也决定了科举改革的成败。反对范仲淹的代表人物苏轼认为：经义策论之类，“无规矩准绳，故学之易成；无声病对偶，故考之难精。以易学之文，付难考之吏，其弊有甚于诗赋者矣。”（见《东坡奏议》卷一）他的这种观点，却被宋神宗所接受，于是王安石对神宗进言曰：“今以少壮之时，正当讲求天下正理，乃闭门学作诗赋，及其入官，世事皆所不习，此科法败坏人才，致不如古。”（见《文献通考》卷三一）此外，他还在《上仁宗皇帝言事疏》中进一步阐述了自己的主张：“课试之文，非博颂强学穷日之工则不能，及其能工者，大则不足以用天下国家，小则不足以用天下国家之用”，所以“宜先除取声病偶对之文，使学者得专意经术，以俟朝廷兴建学校，然后讲求天下所以教育之法，施于天下。”宋神宗最终采纳了王安石的建议，将明经、诸科取消，只保留进士一科。

在这场论争中，从结果上看还是经术派占了上风。改革后的进士科停止了诗赋、贴经、墨义等科目，要求士子在《易》《诗》《书》《周礼》《礼记》中专治一经，并兼习《论语》《孟子》。从考试的内容上看，突出了经义、策、论在取士中的作用。其省试科目依次为经义、论、策。整个考试内容分为四场：第一场，大经大义十道；第二场：兼经大义十道；第三场：论一道；第四场：策三道，礼部试即增二道。此外，殿试仅用试策一项，试策一道，而且成为定制。

从宋初不重视策论成绩，到庆历新政以考试策论为主，是宋朝贡举考试内容的重大改革。这反映了宋儒爱好义理之学的倾向，也促进了宋学的发展壮大。虽然庆历贡举条制随着庆历新政的失败而暂时被废除，但重策论、轻诗赋的时代潮流不可逆转。

从北宋开始，科举考试进士科加试策论，宋太宗实行殿试以诗、赋、论三题考试，并且偏重于策论。“自嘉祐以来，以古文为贵，则策论盛行于世，而诗赋几至于熄。”（苏轼：《拟进士庭试策》）策论是用散文体裁来写作，无论是谈经、讲史或是对现实问题提出对策，都是以儒家思想为指导作出新的阐释，促使学术文化产生了飞跃性的大发展。嘉祐二年（1057），在进士考试中，一大批优秀的人才脱颖而出，后来成为洛学开山的程颢及其门人朱光庭，后来成为关学巨擘的张载及其弟子李大钧，并于是年得中进士。此后，策论考试在科举考试中受到更进一步的重视。到嘉祐末年，出现了司马光盛赞的“南省考校，始专用论、策升黜，议者颇以为当”（见《司马光奏议》卷十三《贡院定夺科场不用诗赋状》）的局面。政府的提倡和学风的改变，使进士考试与宋学振兴、古文复兴联系在一起，为国家培养了大批通经致用的文学家、政治家和思想家。

在此之后，一直到宋代末年，其考试内容究竟以策论为主，还是以诗赋为主，一直是起起伏伏，非此即彼，建炎二年（1128）朝廷又决定采取诗赋、经义两科取士，并规定：“欲习诗赋人止试诗赋，不兼经义。第一场，诗、赋各一首，第二场，论一首；第三场，策三道；……欲习经义人依见行止习一经。本经义三道；第二场，论一首；第三场，策三道……殿试，欲习诗赋、经义人并同试策。”（见《礼部韵略》附《韵略条式》）其实，无论以经义、诗赋还是以策论取士，都有顾此失彼之弊，只有根据人才选拔目标，综合地加以运用，使其作为进士科考试的必要内容和方法，才能显示出科举考试的客观性和全面性。但不管怎么说，北宋中叶出现的这场大讨论，成为中国科举史上闪光的一页。

科场风云

至于宋代贡举常科所考试的科目，在宋英宗以前只考诗、赋、论三题，自神宗熙宁三年（1070）开始考时务策，以咨询治道、诏谕举子能直言极谏、指陈时政的得失。当时王安石正推行变法，殿试策即以此为问目，结果投机的人便曲意迎合，往往得以考中甲科。司马光亲眼看见其事，便手记于《日录》中。有云：“时韩维、吕惠卿初考，附会者皆在高等，言直者多在下第。宋敏求、刘攽覆考，反之，吴充、陈襄从初考。（叶）祖洽言：祖宗多因循苟简之政，陛下革而新之。初考为三等上，覆考为五等中，吴充等奏，从初考。吕公择、苏轼编排，上官均第一，祖洽第二，陆佃第五。上擢祖洽为第一，佃知新法，升为第二，均第五。轼退拟进士对策而献之，且言：祖洽诋祖宗以媚时君，而魁多士，何以正风化？”（见《增广司马温公全集》卷二《苏轼拟进士对策录》）

在《宋史》卷三五四《叶祖洽传》中亦云：“熙宁初，策试进士，祖洽所对，专投合用事者，考官宋敏求、苏轼欲黜之，吕惠卿擢为第一。”将政治改革透过科举考试而理念化，无疑就助长了举子为中高科而向当权者献媚投靠，以求宦达。对此刘安世曾批评说：“人但见策问比之三题似乎有用，不知祖宗立法之初极有深意。且士子得失计较为重，岂敢极言时政阙失，自取黜落，或居下第，必从而知之，是士人初入仕，而上之人已教之党也。倘或为沽激直言之士，未必有益。”果然如所言，阿谀的人高中状元，赞美新法的也高居前列，而直言反对变更祖宗之法的则全降至第五等，这样一来，上有所好，下必甚焉。一时间，阿谀奉承之风在科举的考场上蔓延。

哲宗绍圣元年（1094）三月，皇上亲试举人，又引起一场新的政治风波。史载：赐毕渐以下及第出身有差。考官取答策者多主元祐，杨畏覆考，专取主熙丰者，故渐为之首。时策问乃中书侍郎李清臣拟进。其略曰：“复词赋之选而士不加劝，罢常平之官而农不加富。可差可募之说杂而役法病，或东或北之论兴而河患滋。……可则因，否则革，惟当之为贵；圣人何有固必焉！”于是国论遂变。清臣与仆射范纯仁议不合，士大夫争陈绍述之策，元祐之人皆相继得罪矣！（见陈均《皇朝编年纲目备要》卷二四）李清臣唱绍述之说，乃拟进此一策题，显然已宣示新的政治去向。举子答策时，或主元祐，或主熙丰，自然主张恢复新法的受到优遇，新旧党争遂愈演愈

烈。等到徽宗崇宁年间，更变本加厉，北宋之亡，也不能说与此无关。（见王德毅《宋代的科举与士风》）

宋高宗建炎二年（1128），朝廷暂时居于较为安定的扬州。8月23日，高宗主持了其在位以来的第一场殿试，以检验由省试选拔出来的考生。宋代殿试通常分为两部分，对策部分由于涉及政策性的回答，因而最受人们的关注。但因为策问出自皇帝本人，所以更显得重要。这在《宋会要》中就有记载。这一年的策问重在反映考生的个人观点以及对时事的把握。基于“治道本天，天道本民”的原则，高宗进一步解释为：“朕承宗庙社稷之托于儆扰阽危之后，怀父母兄弟之忧于携贰单微之时。念必抚民以格天，庶几悔祸以靖难。”

这个问题其实反映了当时许多困境：粮食匮乏，岁入不足，贼党余乱，天灾等。虽然用尽诸多办法，但好的官员、政策、及高宗自身的努力，都未能改变“偷惰之气”和“狂迷之心”。因而在策题中问道：“岂朕不德，无以动天，抑政令失宜，而民以为病乎？何精诚之弗效，而祸患之难戢也。伊欲复亲族，奠疆场，清寇壤，善风俗，使百姓安业而亹亹迓衡，何修而可以臻此?”除了从考生中浏览时局见解之外，高宗还号召“子大夫涉艰险以副详延”，并鼓励他们直言相谏，“悉言之毋隐”。（见《宋会要辑稿·选举》八）

策文无疑是考察考生们对时局中的重大问题的认识，毫无例外地，他们被要求陈述朝廷当如何应对当前的主要的政治和经济问题。但是有两个问题却有意地避开了：一是关于被掳的两个皇帝，即宋徽宗和宋钦宗；二是关于女真事件被粗略带过。前者因是涉及高宗的成长背景，对其即位有一定的影响；后者是反映了1128年间战事的相对平缓，相比而言，高宗政权的巩固显得更为紧迫。十五天后，殿试结果揭晓，451人被授予进士，并以五等划分，李易为状元。

明清的试策

进入明代，科举制度发展到鼎盛时期。使其更加定型化、格式化，完全成为取士之正途。洪武三年（1370）五月，朱元璋正式诏令从这一年八月开始，“特设科举，以取怀材抱德之士，务在经明行修，博古通今，文质得中，名实相称。其中先者，朕将亲策于廷，观其学识，品其高下，而任之以官，果有才学出众者，待以显擢。使中外文武，皆由科举而选，非科举，毋得为官。”（见王世贞《弇山堂别集》卷八一）这一诏令，特别强调了科举在取士任官中的重要地位，将科举规定为选拔官吏的唯一途径。从明初开始，一直到清代末年，无论是乡试、会试和殿试，士子们要想达到金榜题名的目标，除了重点应试八股文之外，基本上都少不了试策这个科目。

明代试策概述

明代之初，乡试的考试内容为“初场，试经义二道；二场，论一道；三场，策一道。中式后十日，复以骑、射、书、算、律五事试之。”（见《明史》卷七十）明代对试策的重视程度，从屡颁圣旨、规定试策的考法即可看出。总体而言，明代策问或问经史，或问时务，以关切事理、明白正大为要求。洪武二十四年（1391）定科举文字格式，朱元璋即规定："凡对策，须参详题意，明白对答。如问钱粮，即言钱粮；如问水利，即言水利。孰得孰失，务在典实，不许敷衍繁文。遇当写题处，亦止曰云云，不必重述。"弘治七年（1494），诏令"作文务要纯雅通畅，不许用浮华险怪艰涩之词，答策不许引用谬误，杂书其陈其时务，须斟酌得宜，便于实用。不许泛为夸大及偏执私见，有乖醇厚之风。"（以上见《皇明贡举考》卷一）嘉靖六年（1527），令"判必通律，策必稽古。其有配合缀辑，夸多斗靡者悉屏不录。"嘉靖四十五年（1566），又规定："论、表、策场，扬榷古今事理，务中肯綮，不许滥写旧套。"隆庆元年，令"场中经书义每篇止许五百字以上，六百字以下，过六百字者即系违式，不准誊红，更能简洁者，尤当甄录。论、策每篇许一千余字，亦平许泛滥不切。如将违式文字誊录取中者，朱墨卷解部。查出定将提调等官参究。明年会试即准此施行。"（以上均见《皇明贡举考》卷之一）

殿试又称廷试，是科举阶梯的最后一个阶段，殿试是由皇帝主持，"天子亲策于廷"，应试者通常都是本届会试的中式者。殿试时间多有变化，三月十五日后来成为定制，除有特殊情况才变更日期。明代自洪武三年开始，殿试仅考时务策一道，要求对策"惟务直述，限一千字以上"。（见《明会典》卷七七）殿试只试对策一篇，殿试策文起源很早。丘濬说："殿廷试士始于唐武后时，宋初沿之，然皆试以诗赋。至神宗熙宁三年始专试以策。即对者以千字，至今用之。"明代殿试策问题最初系由朱元璋亲制，后改由翰林拟撰。俞宪说："洪武辛亥、乙丑皆亲制策问，其后间命翰林拟撰，取自圣裁之。"

明洪武四年（1371）辛亥科殿试，明太祖朱元璋亲制策题，以古先帝王敬天勤民、明伦厚俗的君道、治道为问。吴伯宗答道以“古先帝王之治天下，莫不以敬天勤民为务，以明伦厚俗为急”，认为“天生民而立之君，使司而牧之，君所以代天理民者也”因此君主无论施政教、施政，皆须本于天而存乎敬；勤民之道，在于养民和教民。而明伦厚俗，惟在于崇学校以兴教化，教化行而人心正，则伦理明而风俗厚。吴伯宗的对策并无出奇之处，无非是综合先儒之说而凑成一篇。因为朱元璋建立明朝，首次开科，采纳刘基等人的建议，规定科举考试内容以《四书》《五经》为主，以程朱理学为根据，他定吴伯宗为状元，自然不在乎他的对策有何切中时政之处，而是看中他理学淹通，经典娴熟。

对殿试策问，明代一些有作为的皇帝不希望考生多阿谀奉承，但求直言。宣德五年（1430），明宣宗“御奉天门策会试中式举人，上临轩发策毕，退御武英殿，谓翰林儒臣曰：朕于取士，不尚虚文，欲得忠鲠之士为用。其间有若刘蕡、苏辙辈，能直言抗论，庶几所望，朕当显庸之。”（见《皇明贡举考》卷之一）洪武二十一年（1388），《登科录》中开始刻进士对策，但惯例只刻一甲三篇，后偶有将二甲进士策刻入者。永乐二年（1404）不仅兼刻二甲进士对策，还各附读卷官批语于后。后举人留十八空行于卷末即是为读卷官留写批语之用。《琐缀录》中说：“国朝状元对策皆经阁老笔削或自删润乃入梓。独罗伦一策未尝改窜。”

洪武十七年（1384）规定：乡试八月初九日为第一场，试《四书》义三道，每道200字以上；经义四道，每道300字以上，未能者允许各减一道。十二日为第二场，试论一道，300字以上；判语五条，诏诰章表内科一道。十五日第三场，“试经史策五道，未能者许减其二，俱三百字以上。”每场考试的时间都是一天，“至晚纳卷，未毕者给烛三枝。”（见王世贞《弇山堂别集》卷八一）会试时间为每年的二月初九日、十二日、十五日三天。第一场：经义一篇，限500字；四书义一篇，限300字。第二场：礼乐论，限600字。第三场：时务策一道，务直述，不尚文藻，1000字以上。

永乐十年（1412）壬辰科，明成祖在殿试策问中提出三大问题策天下士子：一是从他继位十年来何以未臻其效，何以才能跻世泰和；二是关于六经六艺之事；三是古昔帝王治政之优劣。

对于第一问，明成祖在策问中说道："于兹十年，未臻其效"，"虑化未浃"，"虑养未充"，"虑刑未清"而"厉俗而俗益偷，革弊而弊不寝"，如何才能"跻世泰和"？明成祖实际上是想听天下举子如何评价自已从政十年来的政绩。据史载，明成祖即位十年来，建都城，征漠北，遣郑和下西洋等，功绩显著，踌躇满志。若此时给他提出意见，专挑毛病，显然是不行的。对于这个问题。马铎回答得很好，他说成祖"化已浃矣"，"养已充矣"，"已知陛下泰和之可跻，唐虞三代之治可致"矣。成祖听了这歌功颂德的"反调"心里当然高兴。回答第二问，对于熟读经史的马铎来说，最为得心应手，从容不迫，有理有据，侃侃而谈。至于第三问，因为谈的都是过去的帝王治政之事，毫无顾忌，更是海阔天空、行云流水般地畅谈一通。对策文笔优美，气势磅礴，辩理清晰，自然得到了明成祖的高度赞赏，并钦点其为状元。

清代试策概述

清代的科举考试大多沿袭明代旧制，清初乡、会试的考试与明代相同，顺治二年（1645）颁布的《科场条规》规定："乡、会试首场《四书》三题，《五经》各四题，士子各占一经。……二场论一道，判五道，诏、诰、表内科一道，三场经史时务策五道。"（见《清史稿》卷一〇八）而且明确规定，论策不得超过2000字。"对策内不许援引本朝臣子人品学问，违者不录。"（见《钦定科场条例》

卷十七）

清代的殿试也是由皇帝主持，评阅试卷的考官称读卷官，是由皇帝从大学士及进士出身的内阁学士、尚书、侍郎、左都御史、副都御史之中选派的。清初殿试仅考时务策一道，如顺治丁亥（1647）科，策题为“求得真才，痛革官弊，筹饷”三项；顺治己丑（1649）科题目为“联满汉，养民力，化顽梗”三项。康熙以后，策题增为五六百字，一般的包含四个问题。试题最初由内阁预拟，再由皇帝钦定。乾隆二十六年（1761）为了杜绝泄露揣摩之弊，决定殿试改由读卷官于殿试前一天密拟八条进呈，每题4字（后改为2字），最后由皇帝圈定其中四条作为殿试试题，晚上由工匠在内阁大堂连夜刊刻印刷。试策时，策文不限长短，一般在2000字左右，起收及中间的书写均有一定格式及字数限制，特别强调书写，必须用正体，即所谓“院体”、“馆阁体”，字要方正、光圆、乌黑、体大。这些都要求在一天内全部完成。

殿试结束后的第二天，读卷官在文华殿阅卷。读卷官所阅试卷都是随机分配的，“收掌官取试卷出箱，摊于案上，分读卷官八人为次第，每人分三四十本，每取一束，依次分布，分尽再取。第二三束也如之，不得任意前后配置。”（见傅增湘《清代殿试考略》）阅卷时，读卷官先评阅自己所分得的试卷，定出等级，再轮阅别人所分之卷，各桌互看轮看。殿试评阅分为五等，分别用圈、尖、点、直、叉（O　△　、丨　×）表示。如果殿试要取得好成绩，必须所定的等级都是圈，加尖、加点的名次就得靠后。

按理说，试策成绩的评定主要依据应是策文的内容，《钦定科场条例》卷五五《殿试·殿试读卷》中说：“读卷官校阅试卷，以策对精详，楷法庄雅者为上选。其有缮录不能甚工，而援据典确，晓畅时务者，亦应列为上卷。若对策敷衍成文，全无根据，即书法可观，亦不得充选。”应该说，条例的规定是很正确的。但是阅卷官在具体操作过程中，有时候就大相径庭了。其原因是对策并非如八股文一样的标准化的考试文体，其等级的确定有时候一时难以拿准，特别是如果不认真阅读和揣摩，很难确定其优劣。在这种情况下，有的阅卷官驾轻就熟，往往将卷面的书法作为评定等级的主要标准，而且至道光以后几乎成为定制。就像《郎潜纪闻·二笔》卷十一所指出的那样：“近十数年，殿廷考试，专尚书法，不复问策论之优劣，以至空疏浅陋，竞列清班，甚至有抄袭前一科鼎甲策，仍列鼎甲者。而读卷诸公，评骘楷法，又苛求之于点画之间，有一字古体、贴体，依《说文》篆隶而不合时式者。即工楷亦置下等。……士子试卷，而变本加厉，遂至一画之短长，一点之肥瘦，无不寻暇索垢，评第妍媸。以朝廷抡才大典，效贱工巧匠，雕镂组织之程材，而士子举笔偶差，关系毕生荣辱。”

最典型的例子就是在参加道光九年（1829）殿试的著名诗人龚自珍，因楷法不中程式而列在第三甲，只得了个同进士出身。这种偏狭取士标准的流行，除了因为考官阅卷时限所迫，敷衍塞责以外，还缘于考试内容日趋空泛，工拙难评，真伪莫辨。策文须详细研求，始可分清高下。而字迹则开卷了然。于是避难就易，专尚楷法，以字取人。这不仅压抑了真才实学，而且对人才培养产生误导作用。在此情形下，民间教育往往以勤学“字迹”相劝：“果能作字端楷，衡文者便心先欢喜，文虽不甚出色，亦蒙取录；否则，纵有子美之诗，相如之赋，亦不得取列前茅。”（见程含章《岭南集》卷七《教士示》）为了取悦考官，获得升迁，读书人不得不穷年累月，耗精疲神于临摹楷字，而无心讲究经史、时务等实用知识，导致士子文化素质的普遍下降。

鸦片战争前后，以龚自珍、林则徐、魏源为代表的有识之士倡导改革科举制度。龚自珍认为八股取士埋没人才，提出废除时文，改试策论，以实现“我劝天公重抖擞，不拘一格降人才”的理想。他们的改革建议都从实际出发，切中时代要求，促进了其后科举改革思想的发展。十九世纪五六十年代，随着西方殖民侵略的加深，清代统治岌岌可危，改革科举选拔人才也越来越受到有识之士的关注。这一时期科举改革的倡导者以冯桂芬最具代表性。他是道光年间的探花，对晚清科举的弊端有更深切的体会。他建议应该加大考试内容的难度，提出：“至于所难者，要不外功令中之经解、古学，策问三者。而宜以经解为第一场，经学为主。凡考据在三代上者皆是，而小学、算学附焉。经学宜先汉而后宋，无他，宋空汉实，宋易而汉难也。以策论为第二场，史学为主。凡考据在三代下者，皆是。以古学为第三场，散文骈体文赋各体诗各一首。”（见陈学恂主编《中国近代教育文选》）会试和殿试也这样。

戊戌变法时，康有为又进一步提出：“请勿下部议，特发明诏，立废八股。其今乡、会、童试，请改试策论，以其体裁，能通古论今，会文切理，本经原史，明中通外，犹可救空疏之宿弊，专有用之学问。然后宏开校舍，教以科学，俟学校尽开，徐废科举。”（见汤志钧：《康有为政论集》上册）他的这一建议得到光绪皇帝的采纳，在百日维新期间，下令各级科举考试一律改试策论而不用八股文。光绪二十四年（1898）六月，依照张之洞等人的奏折，礼部颁布了《遵议乡会试详细章程》，明确规定了科举考试的内容与文体：“第一场论题五道，试中国史事，本朝政治。……第二场策题五道，凡西学中天文、地理、学校、财赋、兵制、商务、公法、刑律，以及格致、制造、声光、化电等类，听考官酌举命题，不必拘定经济科专门之例。第三场四书义题二道，先《学》《庸》《论语》，次《孟子》，五经义题一道，不拘何经，均遵依四书、五经原文命题。”（见王尚清编：《皇朝蓄艾文编》卷一五）光绪二十七年（1901）八月，慈禧太后又发布上谕，规定从第二年开始，乡、会试头场试中国政治史事论五篇，二场试各国政治艺学策五篇，三场试《四书》义二篇，《五经》义一篇；生童岁、科两考也要考中国政治史事及各国政治艺学策论，并试《四书》义、《五经》义各一篇。由此可见，试策在清末科举考试中的显要地位。

常识篇

策文的种类

何谓策？按照《现代汉语规范词典》的解释，其中有一个义项是：“古代的一种文体；也指古代应试者对答政事、经义的文字。”其实这里说的“策”也就是“策文”。它包括策问和对策两个组成部分。至于说“奏策”，它不属于科举考试的文体，不过是向皇帝的进策而已。策文的种类从其功用上看，主要有三种：

制　策

制策又称“策问”，策题。是朝廷选士时所出的考问题目。武帝建元元年（公元前140），诏举贤良方正直言推陈之士，帝亲策问。董仲舒对曰：“《春秋》大一统者，天地之常经，古今之通谊也。今师异道，人异论，百家殊方，指意不同，是以上亡以持一统，法制数变，下不知所守。臣愚以为诸不在六艺之科，孔子之术者，皆绝其道，勿使并进。邪辟之说灭息，然后统纪可一，而法度可明，民知所从矣。”董仲舒就是以著名的“天人三策”而被武帝所重用。

策问是设题指事，由应试者作文章，颇类似于现今的命题作文。策问是有相当难度的，需要表现出考生创造力和政治文化水准。它要求考生熟读经史，善于观察、思考社会现实问题，对一些重大历史现象和社会现象有独到见解。也要有较高的写作技巧、华丽的文采和鲜明的思想主张。这样的试题，如果没有坚实的语言功底、广博的学识、敏锐的观察能力是无法很好地完成的。

如宋熙宁三年进士科考试的策题：

朕德不类，托于士民之上，所兴待天下之治者，惟万方黎献之求，详延于廷，诹以世务，岂特考子大夫之所学，且以博朕之所闻。盖圣人之所以王天下也，百官得其职，万事得其序，有所不为，为之而无不成；有所不革，革之而无不服。田畴辟，沟洫治，草木茂，鸟兽鱼鳖无不得其性者，其富足以备礼，其和足以广乐，其治足以致刑。子大夫以谓何施而可以臻此？方今之弊可谓众矣。求治之道，必有本末，所施之宜，必有先后，此子大夫所宜知也。生民以来，所谓至治，必曰唐虞成周之时，诗书称其迹，以至后世贤明之君，忠智之臣，相与忧勤以营一代之业，虽未尽善，要其所以成就，亦必有可言者，其详著之，朕将亲临焉。（见《苏轼集》卷四五）

明代制策虽名为御制，实则多出自翰林词臣之手，最后交由皇帝裁定。如黄佐《翰林记》中说："圣主策进士，多亲制策问，洪武四年、十八年皆然。其后，或命本院儒臣拟撰以进，取自圣裁而用之。"又言："国朝《乡试小录》《会试录》《进士登科录》，具有成式……其所刻程文，自乡试以至殿试，皆宜刻士子所作，庶为传信。流弊之极，至于制策，亦多代笔，岂所以教之忠欤?"（见黄佐《翰林记》卷一四）

制策还有一个不断完善、日趋程序化的过程。太祖洪武年间的制策都较为简洁，直抒胸臆，字数一般为一百余字，最少的一科（洪武二十七年甲戌科）只有八十八个字。此后字数渐多，通常为两三百字，也有多达五六百字的。随着字数的增多，形式也日趋固定化。制策多以"皇帝制曰：朕惟（或朕闻）……"发端，先说唐、虞、三代怎样好，汉、唐、宋怎样不如三代。接下来说太祖高皇帝、太宗（成祖）文皇帝怎样文治武功，冠绝百王，“列圣相承，益隆继述”，即后之“列圣”又继承太祖、太宗之功业。再进一步说“朕自继位以来，宵旰图治，然而治效未臻其极”，并列出当时社会上所存在的一些弊端。继而表示要远效三代、近法祖宗以达雍熙泰和之治。最后以谆谆告诫诸生“悉以以对，朕将亲览”或“朕将择而行焉”等语作结。

就一般殿试策问而言，说唐、虞、三代的情况实际上是考应试者的经学，说后世汉、唐、宋的情况实际上是考史学，说到“朕自即位以来”的情况是考察应试者对当今时务的见解。故明代的殿试策问通常情况下，都是先谈论经史，后及当今时务，融经史、时务于一体，浑然天成。当然，在明代二百余年的考试实践中，也有只论经史而不及时务的，也有只谈时务而不谈经史的，但这类殿试策问相对较少。用今天的眼光来看，明代经史时务策把知识方面的测试与能力方面的考察完美地结合在一起，是一种较为完善的考试文体。

至于说到策题的数量，每次殿试都不一样，有时多，有时少。最少时仅仅一道，如周圣历元年（698）戊戌科殿试，武则天策问一道；在唐代一般的四至五道，而有一科殿试策问多达十三道，为韩愈所拟，载《韩昌黎文集校注》卷二《进士策问》中。

对　策

对策则是考生根据朝廷所出的题目，而陈述的政见。张之洞1875年为渴望进学之士所作的《輶轩语》，即言之“对策谈何易易”，指出“平日见书我者，学问有门径者，自能多有所知，不至瞠目茫然”。也就是说，“经文或可欺门外汉，对策除平日多读书外，别无捷径。”《中国状元殿试卷大全》一书的第一篇收录的是唐贞观二十年（646）丙午科张昌龄的试卷，当时唐太宗李世民出策问二道，其中的第二道为："玄默垂拱，理归上德，法令滋章，事钟浇季。是以唐虞画象，四罪而咸服；姬夏训刑，三千而愈扰。故知胜残去杀，必在于弘仁：返朴还淳，不务于多辟，方知削兹三尺，专循五礼。幸陈用舍之宜，以适当时之要。"

张昌龄在对策中写道：

两仪亭育，蓄严刑于积阴；四序平分，降明罚于秋序。是知观象设教，圣人所以胜残；因物造端，懿后由其立辟。故妫川受命，士师陈九德之歌；瑶山载刑，吕侯训百锾之典。然则激扬神化，鼓舞皇阶，资粉泽而弘风，俟德刑而振俗。是故六辔在御，飞龙之驾可期；九罭不施，奔鲸之害斯兆。纵使业优倦领，道迈曾巢，齐饮啄于鹑居，绝往来于犬吠，犹未可长悬三礼，永摈五刑，削兹噬嗑之科，专行忠信之薄。况今时推纂圣，运属升皇，犹劳丹浦之诛，尚漏青邱之罪。伯夷典礼，与猾夏而同科；司寇详刑，共春官而联事。自可远稽九伐，近命三驱，释刀锯于凶魁，休甲兵于原野。然后弛威象阙，展事天宗，继美娲黄，追风火燧。渠魁未灭，岂得辄议寝刑；中岳既封，自可专循大礼。谨对。

清光绪三十年（1904）甲辰恩科，该科是中国科举史上的最后一次殿试。此次殿试，制策以察吏、治军、理财、励士为问，刘春霖在回答其如何"励士"时，其对策云：

制策又以士习之邪正，视乎教育之得失，因欲范围之多士，使四海之内邪慝不兴。此今日学界之要图也。臣惟古者司徒修明理教，以选士、俊士、造士为任官之法。汉重明经，复设孝廉、贤良等科，其时贾、董之徒最称渊茂。东汉之士以节义相高，而不免清议标榜之病。唐初文字最盛，中叶而后，干进者至有求知己与温卷之名，而士习大坏。宋世名儒辈出，各有师承，至于崇廉耻，敦气节。流风所被，迄有明而未衰。虽其人能自树立，亦以教学相勉，

刘春霖

甲辰科狀元策

應

殿試舉人臣劉春霖年三十歲直隸河間府肅甯縣人由拔

貢生應光緒二十八年順天鄉試中式由舉人應光緒三

十年會試中式恭應

殿試謹將三代腳色開具於後

曾祖永生未仕故　祖昆儀未仕故　父魁書未仕故

臣對臣聞王者不吝改過故盛世有直言極諫之科學者

義取臣時故貞士有盡忠竭愚之志昔漢文帝除誹謗之

刘春霖殿试对策

师道立而善人多也。夫大道载于六经，而伦理先乎百行。今日浮荡之士未窥西学，已先有毁裂名教之心，故欲正人心，端士习，必以明伦为先。欲明伦理，必以尊经为首。此即国粹保存之义。皇上倡明文教，必以经学正其趋，此不得不因时制宜者四也。

聪明的考生在对策时，必须能够与时俱进，相机行事。比如说，清光绪三十年（1904）甲辰科会试中式第一名谭延岂第二场各国治安策闱作一篇："泰西外交政策往往藉保全土地之名，而收得益之实。盍缕举近百年来历史以证明其事策"。照商衍鎏的看法，"未废八股时，乡会试第三场之策是条对性质，举经史政事以为问题，随问而条答之，不写题目，只写第一二问等。而策文对答宽泛，略类于论体矣。"（见商衍鎏《清代科举考试述录》）这里所说的"论体"就是可以大致分为三段，第一段总发题旨，第二段实写全题，第三段再推开说，挽回本题以作收束。

奏　策

至于奏策，又称进策，严格地说它不属于考试的范围，是指由士子主动上陈的策文。如汉代贾让的《奏治河三策》，唐王忠嗣的《上平戎十八策》，宋苏洵的《几策》等。宋仁宗嘉祐元年（1056年），苏洵带领苏轼、苏辙到汴京，拜谒翰林学士欧阳修。欧阳修很赞赏他的《几策》，认为可与贾谊、刘向相媲美，于是向朝廷推荐。嘉祐二年（1057年），苏轼、苏辙兄弟二人同科高中进士。仁宗皇帝高兴地曹皇后说："朕今日得到两个宰相。"

在这里不妨截取苏洵《几策》中"审敌"一段，看一看苏洵是怎样揭露这种贿敌政策的实质是残民的。文云：

"中国内也，四夷外也。忧在内者，本也；忧在外者，末也。夫天下无内忧，必有外惧。本既固矣，盍释其末以息肩乎？曰未也。古者夷狄忧在外，今者夷狄忧在内。释其末可也，而愚不识方今夷狄之忧为末也。古者夷狄之势，大弱则臣，小弱则遁；大盛则侵，小盛则掠。吾兵良而食足，将贤而士勇，则患不及中原，如是而曰外忧可也。今之蛮夷，姑无望其臣与遁，求其志止于侵掠而不可得也。北胡骄恣，为日久矣，岁邀金缯以数十万计。曩者，幸吾有西羌之变，出不逊语以撼中国。天子不忍使边民重困于锋镝，是以虏日益骄，而贿日益增，迨今凡数十百万。而犹慊然未满其欲，视中国如外府，然而其势又将不止数十百万也。夫贿益多，则赋敛不得不重；赋敛重，则民不得不残。故虽名为息民，而其实爱其死而残其生也。名为外忧，而其实忧在内也。外忧之不去，圣人犹且耻之；内忧而不为之计，愚不知天下之所以久安而无变也。”

策文的几种类型

从历史上试策的情况看，策文包括好多种，但真正地应用于各级各类的科举考试，主要有三种，即：时务策、方略策和经史策。但是从具体实例上看，这三种类型的策文只能从大体上区分，事实上有的策文几方面内容是交叉在一起的，也就是说，有的策文虽然从整体上说是时务策，但从具体内容上看，也可能是这样一种情形：策问一共五道，其中有三道是时务策的内容，另外二道也可能是方略策的内容，也可能是经史策的内容，我们既可以称其为方略时务策，又可以称其为经史时务策，但一般地说，笼统地称其为时务策也是可以的。

时　务　策

明代、会试的第三场皆考时务策，而且殿试仅考时务策一道，其目的就是用以观察士子们的“经世之学”。一般地说，时务策是融经史、时务于一体，浑然天成，所以有时也称为“经史时务策”。就明代时务策的内容而言，包括政治、经济、军事、法律、民族、宗教、教育、文化等好多方面，其主题虽然不外乎内圣外王、修齐治平，然而其策问多有感而发，对策也很有针对性。尤其是在民族矛盾和阶级矛盾比较尖锐的历史时期，一些有识之士目睹时艰，更是满腔热血，慷慨激越，提出许多治国安邦之良策，体现了他们强烈的忧国忧民的社会责任感和忧患意识，从这一点上看，这样的一些策文具有较高的史学价值和文学价值。如清嘉庆十年（1805）乙丑科的殿试，其皇上的策问和考生彭浚的对策是这样的：

殿试策问：

奉天承运，皇帝制曰：朕仰膺昊眷，统驭寰区，十年于兹。朝乾夕惕，不遑暇逸，以冀绍古帝王执两用中之治，保大定功之谟，黜陟以严考课，宣防以利传输，期臻上理，爰待嘉谟。

《尚书》综帝王之治道，二典必始钦恭。《洪范》九畴，亦必原于五事之敬，而要皆本于一诚。《书》言精一，《中庸》言所以行之者一。一者，诚也。盖诚则必敬，敬则必勤。君人在上，缉熙单心，所以敬天位。人臣在下，精白敬事，所以亮天工。故敬天即以勤民，至诚即以格天，其致一也。六籍所著，其与敬勤之旨相印合者，可综贯而条举欤？《大宝》《丹扆》之箴，典矣茂矣，朱子《或问》所言治道，《皇极经世书》言君道臣道十二则，《大学衍义》纲举四条，皆本心传以发明治道，能详述之欤？

古者寓兵于农，伍两卒旅，蒐苗狝狩，制善法良，有明征已。汉设郡国材官、骑士，唐置府兵，后更彍骑，其制已异于古。宋有禁、厢、乡、蕃之目，苏轼言被边百姓自相保聚，可收爪牙之利，司马光复言其害，可悉指欤？盖兵于无事之时，训练为尤急，勤练则可使有勇，教训则可以使知方。《孙子》所谓练士，《吴子》所谓治军，可备举欤？唐太宗与李靖《问对》中所言足法、手法，可通于古步伐止齐之义欤？若平时以游惰之民募补，又以杂色服役之人滥充，是岂国家设兵卫民之意欤？膺期任者，宜何如督率而振厉之也。

《书》曰：知人则哲，安民则惠。尧舜犹兢兢于察吏，考绩之典所自昉也。《周官》弊吏，一以廉为本。汉时取士曰兴廉，察吏曰廉察，其亦本此意欤？朕乙夜批章，日昃不遑，内而卿尹，外而疆吏，共矢法廉，以襄予治。果何以僚属咸知励职，吏胥不致逞奸，乃或甘优逸而案有积延，避吏议而事多消弭，是岂惠养吾民之意欤？《书》言无旷庶官，《传》言民生在勤。夫循名责实，则人无旷官，朝考夕稽，则吏皆勤职。其果何道之从欤？

古之治河者，治一而止耳，今则合淮与漕治之。黄河自失故道，遂累代为患。《史记》谓水行平地数为败，故禹厮二渠，北载之高地。夫水性趋下，引之高地转为害，何也？河之变迁屡矣，唐一代何患最少，其故安在？论者谓水性北行，折之东南，故易决溢。此修防所宜亟讲也。元明以来，余阙、邱濬、潘秀驯诸人之议，孰为得失？国家岁漕四百万粟，以供天庾，必取道于黄、运两河。而以清刷黄，尤为挽渡利漕要法。今于束清、御黄两坝之外，别有长策可臻一劳永逸欤？

若此者，稽古而讲求治理，饬戎而绥靖嘉师，官方叙而纲纪张毕，漕运利而堤防永固。有典有则，是经是程，伫望谠言，藉资启沃，毋泛毋隐，联将亲览焉。

彭浚对策曰：

臣对：臣闻大德之懋典学而安民，郅治之隆厘工而利运。稽古帝王，建用皇极，丕奏肤功，庶绩咸熙，万世永赖，莫不以敷政宁人之本，致延洪纯祐之符。《管子》曰："圣人精德立中以生正。"言崇圣教也。《尉缭子》曰："人君有必胜之道，故能兼并广大。"言修武备也。《鬻子》曰："功最于吏，福归于君。"言勤考课也。《庄子》曰："河润百里，泽及三族。"言兴水利也。盖惟基命宥密而严律靖边，澄叙官方而众流顺轨，醇洪鬯之德，丰茂世之规，所为凝宝命而迓鸿麻者，恃有此道耳。

钦惟皇帝陛下，阐极法天，含元育物，固已夙夜阐性道之精，而率土咸绥以大定，官职昭法廉之式，而薄海永庆夫安澜矣。乃圣德渊冲，勤思上理，惟枢机之是察，至葑菲之无遗，进臣等于廷，而策之以稽古、饬戎、察吏、治河诸大政。臣之梼昧，何足以知体要所存？顾录对扬伊始，敬念古者敷奏以言之义，敢不竭刍荛之愚，勉述所闻，用效士土壤细流之一助乎？

伏读制策有曰："《尚书》综帝王之治道，二典始钦恭，九畴言敬用，其要皆本于一诚。此诚圣德王道之全功也。"臣愚以为，执中授受之原著于《尚书》，而其微词奥旨莫切于《大学》《中庸》。诚意之戒欺求慊，至诚之尽性达天，实则剖析乎人道危微之界。尧舜之精一，尧舜之诚也。诚则必敬，故尧以钦明同天，舜以温恭协命，敬则必勤，故尧称圣神广运，舜称兢业万畿。人君之建极保极，臣民之会极归极，胥是道也。即此《易》之立诚以乾惕而体法健行，《诗》之主敬在旦明而戒申游衍。俪若首曲台而存"庄敬日强"之训，体元重鲁史而录"民生在勤"之箴。六籍所陈，同条共贯。朱子《大学或问》谓格致以及治平，始终不外乎敬，《中庸或问》谓中和极于位育，枢纽不外乎诚。诚敬立，而慎独以清好恶之源，笃恭以全圣神之化，赅洽无遗矣。真秀德《大学衍义》纲举四条，曰格致、诚正、修身、齐家，意在于以本贯末，故略治平而不言。明邱濬补之，体用兼备。外如张蕴古箴陈《大宝》，李德裕箴著《丹扆》，凛物侈声淫之鉴，胪宵衣正服之条，以及邵子《皇极经世书》，言君道臣道十二则，皆本心传以发明治道者也。我皇上圣学高深，缉熙浚哲，举凡用人行政无不根于诚敬，以绥猷于古帝王之心法，旷世相符，道统与治统一以贯之矣。

制策又曰："古者寓兵于农，伍两卒旅，蒐苗狝狩，制善法良，而因及于训练之方。"臣窃考：汉初南军以卫宫城，北军以卫京师，得内外相制之道。唐置府兵，有事则命将以出，事解辄罢。后更彍骑，其制悉坏。宋统外兵于枢密，总内兵于三卫。明京畿兵约五十万，后于谦汰其老弱，改为十团营。夫兵重事也，不勤练不能有勇，非教训无以知方。昔杨龟山曰：“兵农不可复合，而伍两军师之制不可不讲。无事之时，使之相保相爱，刑罚庆赏相及，用之于有事之际，则申之以卒伍之令，督之以旌旗指挥之节。”诚善言戎政也。若夫身之使臂，臂之使指，屈伸往来无不如意，此《孙子》练士之谓。一人学哉，教成十人，万人学战，教成三军，此《吴子》治军之谓。画方以见步，点圆以见兵，步教足法，兵教手法，则唐太宗与李卫公《问对》中语也。成规具在，而督率振厉之用，则在膺斯任者之实力奉行。平时游惰之民，不以募补，杂色服役之人，不至滥充。由此禁怠芳，程技艺，步伐止齐之义娴习既精，则信乎若手足之捍头目，如虎豹之有爪牙矣。圣朝化日光天，声教四讫，固可养兵不用矣。而整饬戎行，深于睿念，将弁体而行之，有以振作勿怠，不诚保大定功之宏谟哉！

制策又以“安民必先知人，而兢兢考绩之典，惠养之意。此诚肃清吏治之至计也”。臣谨按：察吏之法始于唐虞，允厘黜陟，敷奏明试，尚矣。夏严木铎之徇，商著官刑之儆。周以八法治官府，八枋驭群臣，而尤严于弊吏之六计：善、能、敬、正、法、辨皆冠以“廉”。廉固洁清之义，而亦训察其即因操守以为综核欤？汉取士曰兴廉，察吏曰廉察，犹本《周官》遗意。刺史以六条按郡国，而察豪强者一，察二千石者五。晋以五条考郡县，唐分二十七最，差以九等，其法倍详。宋以七事考监司，九事考县令，皆试其材而呈其功。夫循名责实则人无旷官也，朝考夕稽则吏皆勤职也。乃行之既久，视为具文，甘优逸而案有积延，避吏议而事多消弭，皆不能以实心行实政，是又不徒在立法之良，而在行法之人矣。我皇上乙夜批草，日昃不遑。内而卿尹，外而疆吏，能率僚属以励职，惩吏胥无逞奸，有不蒸蒸日上，臻于亮工熙载之盛哉！

制策有曰：“古之治河者治一河而止耳，今则合淮与漕治之，而因思夫一劳永逸之策。”臣窃考《禹贡》之言治水也，曰播、曰潴。盖水之性，合则冲，聚则溢。别而疏之所以杀其冲，“又北播为九河”是也。旁而蓄之所以节其溢，“大野既潴”是也。黄河自失故道，遂累代为患。汉时河决刳子。武帝筑宣防宫，导河北行二渠，复禹旧迹，而梁楚之地无水灾。王景修汴渠，堤河由东北入海，偶合禹迹。自东汉至唐无河患。元时河决白茅、金堤等处，贾鲁以二策进。一议疏塞并与，脱脱韪之，此疏瀹堤防之兼重者也，且夫治河必并治淮，淮治而河患息，斯漕运自利。今欲收其利，惟当加意清口。清口者，淮黄之会合也。淮力易弱，黄力常劲。淮不敌黄，湖口已患倒灌矣。黄逆入淮，河道转患淤垫矣。是则以清刷黄，所以挽渡利漕之法，务在因时度势，为疏为筑，修举无遗耳。国家岁赋正供，不惜帑金以修漕道，恬波济运，真亿万年之福也。

若此者，勤求治理，心学懋矣；绥靖嘉师，戎律妇娴矣；纲纪毕张，官职厘矣；堤防永固，转输利矣。猗欤盛哉！臣伏愿皇上，安益求安，治益求治，明政贵有恒之要，深所其无逸之思。德已裕而弥切笃恭，民已宁而犹严捍卫，吏已察而愈饬几康，防已宣而更思利赖。敛福昭夫敷锡，慎宪于以省成，扇巍巍，显翼翼，总八方而为之极。至道大光谟烈，治功远轶勋华。由是协气旁流，淳风四溢，弥纶天地，荣镜宇宙，我国家亿载咸宁之庆基于此矣。

臣末学新进，罔识忌讳，干冒宸严，不胜战慄陨越之至。臣谨对。

很明显，制策以稽古、饬戎、察吏、治河诸大政为问，彭浚的“殿试状元策”娓娓道来，一一作答。在“稽古”这个问题上，彭浚认为帝王之治法心法全在于“诚”和“敬”这两个字上，并进一步阐述“诚则必敬”，“敬则必勤”的道理；说到饬戎，他的观点是全在于平时的刻苦训练。“不勤练不能有勇，非教训无以知方。”并非常形象地说：“身之使臂，臂之使指，屈伸往来无不如意，此《孙子》练士之谓。”在吏治方面，他的回答更为精到：“循名责实则人无旷官也，朝考夕稽则吏皆勤职也。”最后回答如何治河，在他看来，“治河必并治淮，淮治而河患息，斯漕运自利。”这篇策文观点鲜明，论据充分，有很强的说服力。他就靠着这篇对策，摘取了本科状元的桂冠。

方略策

方略策。顾名思义，就是科举考试中应试的有关治国方略的策文。它要求应举者熟悉经史，精通经世治国的方略。据《唐六典》卷四记载：秀才“试方略策五条，此科取人稍峻，贞观以后遂绝。”《封氏闻见记》卷三《贡举》亦云：“其后举人惮于方略之科，为秀才者殆绝，而多趋明经、进士。”封演不仅肯定了《唐六典》“此科取人稍峻”的记载，而且具体指明罢废秀才科的主要原因是“举人惮于方略之科”。

方略策和时务策不同，它不仅要求士子精通时事，而且要引经据典，提出经世治国的方略。这对唐初的士子来说，确实是一个极大的难题。贞观十八年，唐太宗召见各州所举孝廉十一人时，“借以温颜，密访政道，莫能对扬，相顾结舌。”当时太宗考虑他们可能是一时紧张，又让他们答策，结果也是“构思弥日，终不达问旨，理既乖违，词亦庸陋”。（见《唐大诏令集》）卷一〇二）无怪乎太宗忧虑地说：“朕发诏征天下俊异，才以浅近问之，咸不能答。海内贤哲，将无其人耶！朕甚忧之。”（见《唐会要》卷七六）这是文士中的一部分情况。还有一部分人，则醉心于词华。如张昌龄，文章是写得很好，“然其体轻薄，文章浮艳”，也很难有真切的内容。在这样的情形下，通过秀才科选拔具有治国方略的人才，也是很困难的。

在明代的科举考试中，也常常运用方略策考察士子的治国方略究竟怎么样。如在嘉靖四十一年（1562）壬戌科殿试，明世宗就向天下士子寻求古今治国之策，徐时行对答如流，脱颖而出。

殿试策问：

皇帝制曰：朕惟自昔帝王，莫圣于尧、舜。史称尧、舜垂衣裳而天下治矣。然当其时，下民犹咨，洚水为灾，有苗弗率，则犹有未尽治平者，岂二帝固弗之恤欤？抑其臣任之于下，而上可以无为？不然，何以垂裳而治矣？三代莫圣于成周。宣王中兴，《诗》称召伯平淮夷，方叔征蛮荆，吉甫伐猃狁，惟得其人以分命之，是以不劳而治。朕常嘉之，甚慕之。

朕抚天下四十有一年于此矣，夙夜敬事上帝，宪法祖宗，选任文武大吏之良，思与除民之害而遂其生，兢业不遑，未尝有懈。间者水旱为灾，黎民阻饥，戎狄时警，边围弗靖，而南贼尤甚，历时越岁，尚未底宁。岂有司莫体朕心，皆残民以逞，有以致之欤？抑选任者未得其人，或多失职欤？将疆围之臣，未能殚力制玩寇者欤？

夫朕有爱民之心而泽未究，有遏乱之志而效未臻，固以今昔不类，未得知古任事之臣耳。兹欲使上下协虑，政事具修，兵足而寇患以除，民安而邦本以固，灾咎可弭，困穷可复，以媲美虞周之治，其何道而可？

尔诸士悉心陈列，勿惮勿隐，朕将采而行焉。

徐时行[①]对策曰：

臣对：臣闻帝王之御极也，体君道以奉天心，而后可以建久安长治之业；肃臣纪以奉天职，而后可以成内修外攘之功。何则？人君者，天之所授，以统一万方，而临驭兆民者也。其位尊，其任重，故君道常主乎逸。人臣者，天之所命，以左右一人而分理庶政者也。其分卑，其事赜，故臣道常主乎劳。君能奉天以端拱于上，

① 徐时行，即申时行（1535年—1614年），字汝默，号瑶泉，苏州长洲人。幼时过继徐姓舅家。嘉靖四十一年状元及第后，认祖归宗姓申。官至太子太师、中极殿大学士，历朝首辅。

而以其事责诸臣，则无为而化成，不言而功著。若于穆之运，玄机之宰，不假于推迁之力，而自然造物者矣。是谓能奉天心，而久安长治之业可建也。臣能奉君以奔走于下，而以其身致之君，则同心以共济，协忠以体国，若四时之佐，五行之吏，各效其宣布之能，而罔有违天者矣。是谓能奉天职，而内修外攘之功可成也。不然，则一人之身，万幾攸萃，安能一一而理之？而庶官之众，各有司存，能不蹈于瘝旷之咎哉？故君必率臣以图久安长治之业，臣必辅君以树内修外攘之功，则和气溢而宇宙清宁，理道昌而民物康乂。顺治于内，而万方弘一统之规；威严于外，而四夷咸宾之美。巩国祚于苞桑之固，措天下于泰山之安，唐虞三代之始，不可复睹于今日哉！

钦惟皇帝陛下，禀刚健中正之资，合阴阳动物之德，际熙洽御天之运，膺寿考作人之符。精诚格乎穹昊，而瑞应骈臻；妙道契乎玄元，而休征毕集，盖媲美唐虞而超越乎三代者。臣窃伏草茅，沾被圣泽久矣。乃者叨有司之荐，得以与对乎大廷。而圣问所及，特拳拳焉，首述唐虞成周之治，继悯水旱盗贼之灾，任事失人之咎，而终究夫足兵、安民之术，弭灾、救困之方，且戒臣等以勿惮勿隐也。大哉，皇言！忧国忧民之心见乎词矣。敢不披沥愚衷，以对扬于万一邪？

臣闻之《书》曰："元首明哉，股肱良哉，庶事康哉。"言明君在上，而又有良臣以左右之，则庶事可理也。又曰："惟天聪明，惟圣时宪，惟臣钦若。"言君能宪天，而为臣者自敬顺之，罔敢或悖也。是故君为元首，而宪天于上，则法天以为聪，而居高听卑，可以不劳而坐天下；法天以为明，而临下有赫，可以不劳而坐照四方。是君者，法天道以无为者也。臣为股肱，而钦若于下，则代君以用其聪，而天下之利病，皆通达而无所壅；代君以用其明，而斯民之休戚，皆洞察而无所遗。是臣者，奉天职以有事者也。是故唐虞之世，万邦咸和矣，四方风动矣，文明之会昌矣。尧、舜以聪明极圣之主，默运无为之治，而又有禹、皋、稷、契、伯益之臣，共佐太平之业。故下民之其咨也，洚水之为灾也，有苗之弗率也，尧、舜非不之恤也。惟其忠良之佐，足以赞皇猷；弼直之邻，足以弘帝道。以恤阻饥则有率育之臣，以拯昏垫则有克勤之臣，以格负固则有赞德之臣。诸臣者，其奉君如奉天也，孜孜焉同寅协恭，罔敢怠遑也。故尧舜虽有旰食之忧，而终得以享垂衣之治。至今称中天之盛者，必曰唐虞，此尧舜得臣之明验也。

周宣之世，海内乂安矣，国势浸隆矣，文武之业复矣。宣王以聪明有道之君，嗣守无疆之业，而又有召虎、方叔、吉甫之臣，夹辅中兴之治，故淮夷之猖乱也。荆蛮之不靖也，玁狁之虔刘也，宣王非不之虑也，惟其位元宰者才兼乎文武，总元戎者勋联乎将相。有宣威江汉之臣，而淮夷率俾；有壮猷南国之臣，而荆蛮来威；有薄伐太原之臣，而玁狁于让。诸臣者，其事君亦如事天也，惴惴焉矢心协力，罔敢戏豫也。故宣王有继述之思，而终以成再造之绩。至今称中兴之盛者，必曰成周，此宣王得臣之明验也。尧、舜、宣王之为君，法天道以无为。而唐虞成周之臣，奉天子以有事。则所以达久安长治之业，成内修外攘之功者，岂偶然哉！

臣伏观陛下临御以来，四十有一年矣。上帝之申眷，不为不隆，而诚敬愈笃。祖宗之成业，不为不固，而仁孝愈纯。钦天有记，以表昭事之忱；祖德有恃，以发聿追之念。至于虑切民恫，任专吏职，内责成于守令矣，而巡督之臣，岁不绝遣；外付托于将帅矣，而总制之命，任必加隆。无一念不在于民瘼，无一言不轸乎国虑。臣有以仰窥陛下之心，即尧、舜之心，而周宣不足侔也。于今诸瑞咸集，四灵毕至，固足以彰陛下之峻德鸿勋，超卓百代矣。然淫潦为灾，则町畦有垫溺之苦；亢旱为虐，则阡陌有枯槁之忧。倭夷窃发于东南，而海波弗靖；丑虏跳梁于西北，而边尘屡惊。甚则辽蓟之势，日就孤危；而江右之贼，岁成延蔓。殊非圣世之所宜有者，正尧、舜忧民之时，周宣励精之日也。

臣伏读圣制有曰："间者水旱为灾，黎民阻饥，戎狄时警，边圉弗靖，而南贼尤甚，历时越岁，尚未底宁，岂有司莫体朕心，皆残民之逞，有以致之欤?"陛下之言及此，万国万民之福也。臣窃观内外诸臣，凡折圭儋爵，结绶分符者，孰非陛下之宠荣乎？凡拥旄杖钺，制阃握兵者，孰非陛下之威灵乎？谓宜夙夜匪懈，寝处不遑，布宁谧之化于域中，扬振肃之威于阃外，不负天子而勿为圣世之瘝官也。然各私其身者，罔致恤于民依；各利其家者，莫究心于国事。内而守令藩臬，固必有旬宣惠和，忧勤抚字之臣矣。然而，肥己瘠民，营私蠹国，以催科聚敛为能，以簿书期会为急者，亦多有之也。外而营屯督府，固必有敌忾鹰扬，严明果毅之臣也。然而，坐失机宜，若损威重，隐败衄以为捷，幸安静以为福者，亦桓有之也。人臣咸若是，则何以成内修外攘之功，而佐久安长治之业哉！盖陛下爱民之心，容保如天地，而诸臣不能奉扬威命，以茂肃清之烈，是自负于尧、舜、成宣之主，而有愧于唐虞、成周之臣多矣。

及读圣制终篇有曰："兹欲使上下协虑，政事具修，兵足而寇患以除，民安而邦本以固，灾咎可弭，困穷可复，以媲美虞周之治，其何道而可?"臣愚以为，上者，下之表也；政事者，臣之纪也。足兵以除寇，将帅之责任也。安民以固国，守令之职业也。灾咎之有无，困穷之复否，皆由此出者也。为今日计，莫先于任人，尤莫要于择人。

夫国家分职命官矣，即列郡专城，遐陬僻壤，莫不置吏，盖未尝不任人也，臣以为任之而未当也。国家举贤敛才旧矣，即铨司法曹，明黜显擢，罔有违例，盖有未尝不择人也，臣以为择之而未精也。任之未当与择之未精，而欲得人以俾圣治，是犹梗梓未充，而需栋梁之用；穮蓘弗习，而希稼穑之成。臣知其弗能也。

故夫欲修内治者，在慎择乎守令而已矣；欲平外患者，在慎择乎将帅而已矣。董仲舒曰："守令者民之师帅，所使承流而宣化者也。"守令而不得其人，虽日布蠲恤之令，时廑惠鲜之恩，民犹不被其泽也。今也阖郡无文翁之化，而渔猎民资者接踵；邑里无鲁恭之风，而朘剥民膏者比肩。以牧羊而暴政日闻，以齿焚身而败官弗恤。郡县之民，几何不流离而攘窃也？必也精选用之法，严举劾之科。其未任也，试以经济之略，必求谙练民情，通达治体，而不拘选用之途，如唐试理人策可也。其既任也，责以久任之功，必使吏安其官，民狎其政，而不拘迁转之格，如汉之为吏长子孙可也。其任而获效也，优以格外之赏，必为之车服，崇之阶御，以彰卓异之勋，如汉之爵至关内侯可也。如是则有土之寄不轻，数迁数易之弊可免，而人知淬励，以期不负乎宠渥之恩矣，宁有守令失人之患哉！

孙武曰："将者，三军之命，国之重任，不可不知也。"将帅而不得其人，虽决策于九重，定计于千里，犹未可以临敌也，今也操练之律虽严，而士无投石超距之勇；衣粮之给如故，而将无搴旗陷阵之能。论战斗则缩颈而股栗，闻调遣则掩耳而口噤，边圉之寇，几何不肆行而窃发也？必也慎武举之选，严比试之条，有洞识兵机，明习边务者，材可任也，则不拘以骑射之习，如任杜预以平吴可也；有摧锋陷敌，决胜先登者，功可录也，则不绳以文法之细，如赦魏尚于云中可也；有保障一方，折冲万里者，权可假也，则不幸以中制之命，如委充国于金城可也。如是则真材不耻于武弁，良将不苦于约束，而人得展布以自效。夫捍御之能矣，安有将帅失人之患哉！

有贤守令以宣德化于域中，则政治毕举，而内有顺治之休；有名将帅以扬威灵于阃外，则纪律章明，而外有威严之烈。由是民生举安，则邦本有磐石之固；由是兵威日振，则寇患无溃池之虞。和气交蒸于海宇，而灾害不兴；颂声流布于黔黎，而困穷以复。尚何不足以成久安长治之业，而绍唐虞成周之盛哉！

抑臣又闻之，朝廷者四方之极也，纯心者用人之枢也。惟陛下常存敬一之心，以端拱于上而已。敬则存其心而不放，一则纯乎理而不杂。深宫燕闲之中，而不忘乎知人安民之虑；斋居密之际，而日严夫敬天法祖之忱，则心正而朝廷百官皆一于正矣。文武大吏有不奉承，而守令将帅有不奋励者哉！

臣不识忌讳，干冒天威，无任战慄陨越之至，臣谨对。

这篇策文说的是皇上向天下士子寻求古今治国之策时。徐时行答之以“君臣之道”。他说：“尧舜宣王之为君，法天道以无为；而唐虞成周之臣，奉天职以有事。则所以达久安长治之业，成内修外攘之功者。”意思是说，上古唐虞之所以垂裳而治，是因为他们有一班得力的大臣辅佐。至于当今之世，虽然“诸瑞咸集，四灵毕至”，一片繁华之景象，但也存在着种种不足。要想大治天下，就应重视人才的作用，要选贤任能。他说“欲修内治者，在慎择乎守令而已矣；欲平外患者，在慎择乎将帅而已矣。”真可谓一语破的，一代开明之主必须有一代开明之臣，这样才能成就大业。一篇对策定终身，他终于大魁天下。

经 史 策

以经旨史文发为问目，称经史策或者经义策。在宋仁宗时，经义在策题中就占有一定的比例，并且开始跳出前人的窠臼，表现出疑古、疑经，要求士子自由阐发经义的倾向。如宋嘉祐二年（1057）欧阳修在《南省试进士策问三首》中对《周礼》的真伪和能否施行就提出了一系列的疑问。（见《欧阳文忠公集》卷四八）司马光在英宗四年（1067）出任权知贡举时所作的策问，要求士子对《孟子》的“尽信书不如无书”说及“《礼记·曲礼》中所谓“礼不下庶人，刑不上大夫”说的正确性进行评述，各叙已见。（见《温国文正司马公文集》卷七二）北宋仁宗之后，许多策文都是以经文发为问目，这反映了从那时起，试策在科举考试中的重要位置。读书人要想走科考之路，如果能熟悉经文，润色发明其义理，并有一番新的见解，就容易被取中。在此之后明清两代，经史策也在各级各类的考试中，发挥过重要的作用。如清乾隆五十四年（1789）己酉科的殿试，出的就是一经史策。

殿试策问：

奉天承运，皇帝制曰：朕寅承天佑，抚驭寰区，五十有四年。稽诸往牒，自三代以下所未有。用致海寓小康，尉候远广，集家庆于五代，祝丰岁于三登，虔荷昊苍眷赉者独厚。子于父母，不敢言报，惟是朝夕乾惕，日慎一日，仰体仁覆之心，布德于众，兆民田小康而臻上理，集思广义，冀于实效有裨。多士通经致用，菲史适用，敦习尚以征材，修浚防以溥利，妙损益以鉴古，讲肄有素，其伫予谘询焉。

经旨奥衍，章句其显也。《易》备四德者七卦，爻无卦名者五卦，言数者二十七卦，吉居一耳。有六爻皆吉者，有五爻皆吉者，是可偻指之。《舜典》他籍所引，或以为《唐书》，或以为《夏书》。言仁言性，言诚言学，何以皆始《商书》？《洪范》有考定文，其可从欤？《诗》三百一十篇，名见《礼》及《左传》者凡几？十五《国风》，或谓斟酌次序，或谓以两相比，语出何氏？《春秋》最重书王，冠于正月、二月、三月者可计也。有阙一时者，有阙二时者，有无月有日者，有有朔无甲子者，有有日无事者，可详也。《考工记》不合周制者何官？《中霤》《投壶》《迁庙》《衅庙》，可补《仪礼》否？《夏小正》《周书·时训》可代《月令》否？缕悉言之，将征所学。

史家属词比，事出于《春秋》，互文尤关考证，班固之书，半资司马，或因或改，异同得失，至为繁赜。南、北《史》合宋、齐、陈、魏、北齐、周、隋之《书》，亦有短长。缀谱系，划时代，何者为优？新、旧《唐书》，今武英殿始合刻并存，修者谓事增而文减，论者或轩而郅祁，孰为定论？薛居正《五代史》佚之数百年，近始辑成，其视欧阳修《五代史记》孰以事胜，孰以法胜？至若“表”罗古今，“志”补前代，汉末群牧，错见《国志》，典午载记，间入《魏书》，其参互诊断，以为定衡焉。

士为四民之倡，朝廷登选，将以备任，使厚风俗也。乡举里选之典古矣，九品中正流弊更甚，以文取士，自唐至今循之。其中糊名易书，搜索之禁，分路分额，分卷分经之法，累代史志言之详矣。然汉世已有私改漆书文字之讥，八叉假手，一联巡乞，场屋丑之，至郁轮抱绿衣吏而扫地矣。上请之说，通榜之议，其何取焉。今制《四子书》以正其途，《五经》以博其趣，八韵以觇其才，五策以定其实，立法善矣。士宜何如端淳淬，以副予文治乎？

《禹谟》六府，《箕畴》五行，皆先曰水，除其害所以溥其利。西北之渠，川蜀之堰，自豫以下之堤上，没江没海之塘，其大势也。昔人谓《禹贡》无堤防学。然而众徙流合，人众地辟，若釃若鬉，其何以鸠民而奠之？若夫陶庄之河，引溜北趋，窖金之洲，排江东注，海塘之筑，一劳永逸，要未尝非疏瀹与堤防并用。朕数十年来临事图指，不惜数千万帑金，以为闾阎计，大都平成矣。其或随宜善守，而有未尽，又偏隅井邑，畎浍沟洫之则。自田间来者，亦有可指陈欤？

《说命》以师古攸闻，周文以监代成盛，重古制也。然鉴古必宜今，有可因，有不可泥。古有边防，今日无边防，幅员广矣，其诚无边防乎？古有马政，今日无马政，孳贡蕃矣，其诚无马政乎？古辟雍，今亦辟雍，立之郊外则已迂。古养老，今亦养老，三老五更，袒割酱馈则已亵。今韶乐犹古，无取乐古之沿。今藉田犹古，无取劳酒之琐。古美命官交让，仿以为京察自陈，则伪也。古取经筵讲学，责以为成就君德，则诲也。朕久道慎修，思跻淳邃，而酌古准今，屏华崇实，具有微权。其有能知古知今，以会其通者，可推广陈之欤？

凡兹五事者，蕴诸心为经史之实学，施诸政为教养之良规，见诸事为古今之善制。沐浴涵泳，服我作人之化者，端心声，祛臆说，实著于篇，朕将亲择焉。

胡长龄[①]对策：

臣对：臣闻考载籍者必折衷于六艺，式前闻者尚体要于三长，选士、造士所由辨论官材，康功、田功遂以弼成五服，然必得会通因仍之道，而后有神明损益之权。《春秋传》曰："视诸故府，则其事也。"荀卿曰："欲观圣王之迹，于其粲然者矣。"是则枕经葄史既观治忽之源，设教图功愈得化裁之益。唐虞文思光被，浚哲重华，惠畴载采，地平天成，皆本之于则天慎宪，俊德敕命。《易》曰："君子以自强不息。"《书》曰："君子所其无逸。"前圣之膺受鸿名，而常为称首者，用此也。

钦惟皇帝陛下，稽古同天，观文成化，作人倬云汉之章，敷土庆山川之奠。固已事勤于三五，而功兼于在昔矣，乃圣杯冲挹，深思久安长治之道，弥切持盈保泰之图，进臣等于廷，而策之以经学、史裁、贡举、浚防、鉴古。臣之梼昧，何足如此？顾念先资拜献之义，敢不诵所闻以效愚者一得乎？

伏读制策有曰：经旨奥衍，章句其显也。臣按：汉儒说经，各有章句，递相师承，以为家法。故《后汉书·徐防传》言："博士试经，多从私说。自今试策甲乙，宜各用其家章句。"惟费氏《易》无章句，时刘向以三家校之，或脱《无咎》《悔亡》，独费氏与古文

① 胡长龄：（1758年－1814年），字西庚，江苏南通人。清乾隆五十四年状元，官至礼部尚书。

合，即合所传本。《困学纪闻》言："卦备四德者，乾、坤、屯、随、临、无妄、革七卦。六爻皆吉者，惟谦一卦。言数者二十七，爻无卦名者五。"其它讹文脱句，如郭京之《易举正》，容之《随笔》，载其二十余条。范谔昌《易证坠简》，若"不丧匕鬯"之类，均未为无补正经也。《尚书·舜典》，今文合于《尧典》，古文乃分为二。前人不见孔书，故所称多异。如《左传》以《舜典》《禹谟》为《夏书》，《说文》引《舜典》为《唐书》也。说者谓《商书》始言性学等，见孔子之传有自来，其说近凿。苏轼、王柏、金履祥皆有考次。《洪范》凭臆更古圣之旧，其过甚于僭经。司马迁言孔子删《诗》，然三百一十篇之外，其佚犹散见于各经。如《狸首》《骊驹》《采齐》《肆夏》等之见于《礼》，《新宫》《河水》《祈招》《茅鸱》《鸠飞》《辔之柔矣》等之见于《左传》也。《毛诗》次序，郑康成先有《诗谱》，欧阳修得之重加补缉，始秩然可观。说《春秋》者，谓以夏时冠周月，惟《左氏》春王周正月，一字可抉千古之疑。至日月有无，皆因史阙文，以此言例，徒滋。《考工记》以补《冬官》，不尽合周制。古经出于淹中，合五十六篇。惟《士礼》十七篇与高堂生合，吴澄以《中霤》《投壶》等八篇补之，固已离于全经矣。《月令》，吕不韦之书也，《隋志》谓马融足入。《周书·时训》为刘歆所改，不若用《夏小正》为得耳。我皇上典学高深，表章微义，凡在横经执业者，敢不益自砥砺，以期通方适用哉！

制策又以史家互文，尤关考证，因改异同，至为繁赜，而兼及于志、表、载记之错出。诚观治尚象之要务也。臣惟《史记》上综古昔，班固始断代为史，理有相因，事非剿袭。陆澄注班书多引《史记》，皆采摘成句，标为异说，书今不传。厥后，李思作《班马异同》，所著颇详。李延寿南、北《史》翦截繁芜，视本书为有加。新、旧《唐书》，论者或轩昫而轻祁。盖《新书》不载俪辞，故删诏令，专攻涩体，徒觉艰深。然谓文减于前，事增于旧。亦其所长也。欧阳修以薛史为繁，重加修订，书成初藏于家，后诏取列学官，薛书遂微。今乃称合璧，物之显晦，固自有时。然欧书究略，必得如裴松之之注《三国志》而后为尽美也。作史最重表、志，《汉书·古今人表》殊失断限，惟《隋书》志兼五代，绍闻述往，厥意甚宏。若魏收取同时列国之君，而强附臣传，斯无谓之至也。

制策又曰：士为四民之首，将以备任使，更以厚风俗也。臣案：虞廷有九德之采，周室有三物之兴。汉晋以来，郡国守相得以掌荐举之权，九品中正得以司人物之柄。自隋而晋绅发轫，始由于科目。唐代因之，其科目有秀才、明经、俊士、明字、明法等科，而士俗所向，惟明经、进士而已。李肇《国史补》云："进士为时所尚久矣，其争名常切，其为俗亦弊"。盖其势然也。唐博士、助教分十经为大、中、小以授诸生。宋司马光、欧阳修并以分路均额为言。熙宁、元祐之间，经义、诗赋迭为废兴；景德、祥符之际，糊名易书，制防已密。盖禄利之路既开，斯浮薄之风日竞，此班固已致意于《儒林》，而蔡邕欲求正乎经字也。然则，欲正本澄源者，必如朱子《学校贡举私议》仕士之来者，为义而不为利，则三代之风可以复见矣。

制策又以除其害所以溥其利，而欲疏瀹与堤防并用。斯体国经野之善术也。昔平当以明《禹贡》使领河堤，奏言"经义有决河深川，无堤防壅之文"，按《周礼》匠人为沟洫，稻人以防止水，以潴蓄水，盖其制相为表里，故曰"善沟者水漱之，善防者水淫之。"自秦开阡陌，制度悉堕，而水利之说始兴。《史》《汉》所载，如史起引漳以灌邺，郑国导泾以富秦。郑当时穿渭关中，庄熊罴引洛商颜，李冰、文翁凿通江水，并言其利。然水就下者也，遏而陂之，利于旱而不利于水。而翟方进、杜预之徒，又必欲尽去陂障，则逞其偏见，而未规其美全也。夫因势利导，存乎其人。我朝海塘、河工、江防诸大政，悉奉睿略指示，相度机宜，安澜胥庆，诚驾禹功而上之者矣。

制策又以鉴古必取宜今，有可因，有不可泥。斯尤执权用中之至道也。臣以为五帝殊时，不相沿乐，三王易世，不相袭礼，盖创制显庸，自有制度，初不必慕古昔以为美名也。如疆域也，南北一候尉，不必置屯戍而自固金汤。如马政也，天骥充下陈，不必立监坊而如游汧渭。更若国典朝章，上仪隆礼，于监古成宪之中，寓综核名实之道。伏读《御制评鉴阐要》，著日星之大义，垂政典之恒经，洋洋乎丕天之大律，畴能亘之哉！

若此者，鸿都虎观，不足言经术也，金馈石室，不足言史才也，兴秀举孝，龙首白渠，不足言其训俗而厚生也，夏造殷因，或素或青，不足言其折中而贵当也。案《六经》而校德，眇古昔而论功，备哉粲烂，真神明之式也。臣伏愿皇上，本日新之德，法天健之行，安益求安，延洪曼羡，国家亿万年无疆之庆肇此矣。

臣草茅新进，罔识忌讳，干冒宸严，不胜战慄陨越之至，臣谨对。

从这篇策文中可以看出，太平盛世的制策，最大的特点是考究士子们对经史的熟练程度，制策以经学、史裁、河防、选士、鉴古等发问，殿试策问改四道为五道，增加了题量，五道策问大多是一些死的知识，没有熟读经史，没有超凡的记忆力，则难以做到。这对于胡长龄来说，自然是得心应手，所以文章写得特别好，加之名字又受皇上的喜爱，所以考取状元也就顺理成章了。

策文的基本结构

策文包括策问和对策两个部分，从这个意义上说，如果说策文的结构，也就是策问的结构和对策的结构两个部分。策问说起来比较简单，概括成一句话，也就是问题的提出。有时候一个问题，有时候多个问题，各级各类的考试不尽相同。在这里主要说一下对策的结构。从大体上说，它包括三个部分：

策　　冒

策冒主要是将所问各条作概括性的论述。它的具体要求是简明扼要，达到“立片言以居要”的效果。如光绪二十年（1894）甲午恩科殿试时，皇上策题的内容是经、史、时务，也就是经学、历史和当前面临的重大问题，诸如兵、农、刑、礼、吏治、河防、盐铁、工赈等。而本科殿试就是以河渠、经籍、选举、盐铁四项内容发问，因为策题文字较长，对策时不要求抄录。

张謇的对策一开始就写道：“臣对臣闻：善言天者尊斗极，善言治者定统宗。九州利弊之广，不可一一喻之也；六典司职之繁，非必节节治之也。要在道法而已。孔子之道，集群圣而开百王。其所诵法，大言微义。后千六百余年而复集成于朱子。宋臣真德秀，尝本朱子之意辑为《大学衍义》，自帝王治学至于格致，诚正、修齐得

○状元张謇

失之鉴，炳然赅备。是则三代两汉以来所以治漕河、蒐典籍、用人才、剂征榷者，必折衷于朱子之意而后当否可观也；必权衡以朱子之言而后会通可得也。钦惟　皇帝陛下：躬上圣之资，勤又新之德，而又广开言路，振饬纪纲。凡夫大学之明训，前古之事迹，固已切究而推寻之矣。而圣杯冲挹，犹孜孜焉举河渠、经籍、选举、盐铁诸大政，进臣等于廷而策之，臣愚何足以承大对。然臣尝诵习朱子之言矣。朱子之言之具于其书而为德秀所称引者，无一而非人君图治之法，人臣责难之资也，其敢不竭献纳之诚乎?”从这个策冒中可以看出，起句必须有一定的格式。具体地说，必须用“臣对臣闻”四个字。

策　尾

所谓的“策尾”也就是策文的结尾部分。一般地说，是将所问的各条进行归纳，并对皇帝提出建设性意见。策尾有固定的语句要求，大致的意思就是说，我是一个草茅之人，没有什么知识，现在在皇帝的面前，我非常的恐惧，我不知道我的回答好不好，恐怕也有失掉自己职责的地方，如果是这样的话，希望皇帝能谅解等极度贬抑谦卑的套话。“末学新进”初用“草茅新进”，但是到了嘉庆的时候，朝廷发现有很多宗室贵族的子弟来参加科举考试，再说“草茅”就不太合时宜了，因此嘉庆八年之后，改成了末学新进，这也成为判断嘉庆前后试卷的一种依据。如清道光二十七年（1847）丁未科殿试，制策以敦经学、广教育、筹积贮，严保甲为问，主张要用铁的手段对那些奸民、贪官、外夷进行严厉的打击，张之万的对策言辞激烈，气势充沛，直击时端，大有挽狂澜于既倒之概。其策尾这样写道：

若此者，鸿文以积富，蚁慕以成风，蟹输以纳赋，鹰逐以惩奸。廓帝纮，信景铄，仁圣之事赅，帝王之道备矣。臣尤伏愿皇上，天行不息，日进无疆，本励精图治之诚，致累洽重熙之盛。蓬山数典而讲贯弥殷，蔀屋承休而化导倍至，林庚告充而益勤储偫，草窃敛迹而更切劝惩。于以淳洪鬯之德，大茂世之规，上畅九垓，下泝八埏，聿迓天庥，诞膺多祜，则我国家亿万年有道之长基此矣。臣末学新进，罔识忌讳，干冒宸严，不胜战慄陨越之至。臣谨对。

答　问

这是策文的主体部分，也就是对所问各条逐一进行回答。回答每一条，都要有一句约定俗成的语句。如清乾隆四十六年（1781）辛丑科殿试，制策以勤政爱民、兴廉察吏、黜邪辨正、弼教协中等发问，后来成为本科状元的钱棨在对策中写道：

伏读制策有曰：人君所敬惟天，爱民所以承天，而勤政即所以事天。此诚抚辰凝绩之盛心，而熙载奋庸之要道也。臣惟天地万物，父母元后，作民父母，天生民而立之君，有体天行政之权，即有代天养民之责。夫天行至健，风雨露雷，无非教也。王者本天之教以为教，则秩曰天秩，叙曰天叙。举凡民彝物则之常，何在不承天以从事乎？天心仁爱，大生广生，无弗遍也。王者以天之心为心，则工曰天工，官曰天官。举凡体国经野之规，何在不顺天以布令？是故六合既同矣，而犹虞民隐之未由上达，由举时巡之典以周悉之；百度既贞矣，而犹虑庶事之未尽乂康，则广选举之途以群策之。古人君凝承帝眷，而御宇绥猷，所谓集天下之耳目，合天下之智力，兼听并观，而日勤其宵旰者端在是乎？然则，勤政者无非爱民之实心，而爱民者皆为敬天之至意。尧之钦若昊天，文之昭事上帝，类皆载以小心，升兹大业。用是庥呈于上，人和积于下，遂以鼓舞一世，敦尚廉隅。以几一道同风之治也，岂不休哉！

制策又曰：民生之康阜系乎吏治之澄清，而风俗之淳漓由此判焉。臣仅按：《周官》以六计弊群吏，而统之曰廉。官箴之本，其在是矣。汉以六条察二千石，唐有四善二十七最，差之以九等，要皆所以纠劾不廉也，其法令较周制为加密。夫法令虽操于大廷，而考察必严于各属。为大吏者，先正己率物，身示之坊。斯为守令者，自不敢不砥砺廉隅，肃清利弊。由是上行而下效，旋见俗易而风移矣。且夫五方之风气不齐，一时之俗尚各异，《周礼》职方氏掌天下之图，则有邦国、都鄙、侯甸、男采之殊制。《王制》司空度地居民，则有山川、沮泽、刚柔、轻重、迟速之异宜。然古者修六礼以节民性，明七教以兴民德，齐八政以防民淫，一道德以同风俗，则不必易其俗而其教自行，不必易其宜而其政自举。为长吏者诚能洁己奉公，于以型方训俗，因势利导，所谓奢则示之以俭，俭则示之礼者，酌剂焉而得其平，固无难黜诈伪，敦仁厚，以并底于正直荡平之路矣。皇上慎简群僚，懋敦醇俗，吏治民风固以蒸蒸日上，乃当省方之岁，每谘闾阎疾苦，周悉民情，则知勤政之衷，无时或释。县官州牧宜何如整饬，勉励官方，以仰副圣朝察吏维风之至训也。

制策又以学术首严真伪，士子读书敦行，毋误歧趋，以正人心而端风教。此诚睿虑周详，见微而知著也。夫学术真伪，固人心风俗所视为转移者。三代以上，无不正之学，故无伪学之名。然而勋华之时，间生佥壬；孔子之世，亦有闻人。倘非四凶之屏，两观之诛，焉知清流朋党之患，不早炽于并生并育之世哉！东汉士林，品流杂出，李膺、郭泰首倡宗风，负人伦重望，而范滂、黄宪辈并束身祇行，以节义相高。其弊也，以各立门户致来清流之目，降而唐之牛、李，宋之蜀、洛，交树党援，互相倾轧矣。明季朋党之风益甚，顾宪成讲学东林，而高攀龙等从而附唱之，一时意气自矜，矫持过甚。其后，宵小协谋，挤排善类。藉令当李、赵、高、缪诸人不以独行自诩，稍为贬损，东林之患当不至是。夫朋党之说，其局起于激之太甚，其端实萌于防之不严。故凡学校之中，群萃州处，必使趋表正，经明行修，无涉欺世之见，无起盗名之心，俾学术一归于至正，而假道学以为伪君子者，何由而强托哉！我朝正学昌明，士林向化。而欲杜弊于未萌，察几微于未著，必将举君子小人之真伪，显别其迳途，而争自树立者，宜知所自处矣。今夫信义行于君子，而刑戮施于小人，此必然之势也。

制策又曰：明刑所以弼教，或轻或重，一视其人之自取。臣惟以刑者，圣人不得已而用之，大要持其平而已矣，唐虞之世，刑期无刑，辟以止辟，一则曰惟刑之恤，再则曰惟明克允。善用刑之中，自具详慎之至意，初未尝有过枉过纵之失参其间也。《周礼》狱词之成也。司寇听之，三公参听之，而告于王。王三听然后制刑。《吕刑》之篇曰：上刑适轻下服，下刑适重上服，轻重诸罚有权，此谓率义于民，咸中有庆也。夫不求其平，固不可以臆为听断，既得其平，则国家宪典之昭垂无可幸逃，而操致治之原者，亦何尝有成见据乎其中哉！

策文的基本格式

在唐代前期的策问中，一般的格式都是从“朕闻……”开头，中间是所问的具体内容，最后则以“伫尔昌言，朕将亲览”、或者是“伫听良谟，朕将亲览”结尾。后期的策问，开头往往是“皇帝若曰”，最后则是“以称朕意”、“朕将亲览”等等。

明代殿试对策的起收也有一定的格式，通常用“臣起臣对”发起，多用“臣草茅贱士，不识忌讳，干冒宸严，不胜战栗之至。臣谨对”一句作结。“臣”字旁写，不写题目上，不许点句钩股，禁止添注涂改。低二字书写，空上二格留为抬头之用。

策冒（策首几句总纲，谓之策冒）数行，提出全文主旨，提纲挈领，一目了然。接着以“恭（或‘钦’）惟皇帝陛下”转折，对当时的在位皇上大加颂扬一番，“秉神圣之资，扶盈承之运”之类，并说皇上“于万机之暇，特进臣等于廷，俯赐清问”。而后答策者再自谦一番，“臣虽愚陋，敢不披沥愚忠以对扬于万一耶”？

接下来对策冒稍微展开阐述一下，继之以“伏读制策有曰”发起，（第二、三问等则用“制策又曰”发起），针对策问一一作答。在回答具体问题时，开始联系本朝时务，并提出解决现实问题的一些对策。这一部分是殿试对策的核心部分。从某种意义上说，一个士子观察、分析、解决问题的能力也多从这一部分体现出来。最后是数行策尾，应试者告诫皇上若照此对策实心求治，自可“比隆三代，超绝百王”。此外，文内称颂，凡遇到“皇帝”、“陛下”、“宸严”、“祖宗”等词皆须另行双抬，而“经筵”、“大廷”等词则只需单抬即可。

清代对策的起收与明代大同小异。起用“臣对臣闻”，收用“臣末学新进，罔识忌讳，干冒宸严，不胜战栗陨越之至。臣谨对。”“臣”字旁写，初用“草茅新进”，自宗室参加考试后改为“末学新进”。不写题目，不许点句钩股，禁止添注涂改，低二字写，空上二字为抬头之用。策文不限字书，最短以千字为率，不及千字以不入式论。

乾隆前卷为九开，每写八开另十行，嘉庆以后卷为八开，多写七开另四行，谓之七开半，每行二十四字，满足八十八行，近二千字，少者五开半。欲得高第者，策文必须充实写满，兼重书法，写时恐防错漏，则用蓑衣比格起草，写毕撕去。书写时间占大半日，陷于晷刻，为文不暇构思，因预拟兵、农、刑、礼、吏治、河防、盐铁、工赈等数十门条对空文。问题发下，按照每门参入题旨，加以点缀即可成篇。

策冒文四行八行无定式，后则相沿用十四行；策尾文六行或八九行，亦皆预拟携入。中间答问四道，每道约三百余字，十六七行。第一道以“伏读制策有曰”作起，第二、三、四道则用“制策又以”作起。文内颂圣。“钦惟皇帝陛下”、“干冒宸严”句，其“钦惟”、“干冒”须在行之末二字，“皇帝”、“宸严”另行双抬，策冒必有颂圣双抬两行，单抬一行，每条策末均有颂圣双抬一行。

殿试对策文的基本要求

考生参加殿试时，必须在试卷的第一开前半页书写履历三代。但是，交卷后，这一部分要由弥封官封进来，以防考官徇私作弊。它不是策文的组成部分。如康熙四十五年（1706年）第二甲第四十六名进士张机的殿试卷履历部分："应殿试举人张机，年二十七岁，系福建福州府闽县人，由学生应康熙四十四年乡试中式，由举人应康熙四十五年会试中式，今应殿试。谨将三代脚色并所习经书开具于后：一、三代，曾祖仕翅，不仕，故；祖宾，不仕，故；父璋，不仕，故。二、习诗经。"

考生参加殿试时，必须严格按照规定的格式书写。殿试卷清初用白宣纸裱四层，乾嘉以后加至七层。清初为十五开，前六开素页，备写履历；后九开画直行备写策文。嘉庆以后，素页只用二开，策文用纸减至八开。两面为一开，每开十二行，上有红线竖道，无横格。清初，试卷长约420厘米，高约48、宽约18厘米。乾隆四十八年（1783年）改小，约长250、高44、宽11厘米。另有草本一本，尺寸略小，纵横与正卷相同，有横格二十四字，供对策（答题）时起草用。试卷、草卷都由礼部备办，于入场时唱名发给。

再有就是清代殿试履历所开三代，文为"谨将三代脚色开列于后"，"脚色"二字，未免不雅，然实相沿自宋。《朝野类要》谓宋时初入仕，必具乡贯、户头、三代、名衔、家口、年岁，统称之“脚色”，而应试报名必须写履历，履历之用尤为普通，无论百官皆须详书，掌于吏部，此二字见于《唐语林》，可见由来已久。

考生参加殿试时，必须掌握答题的基本要求，在注重按规定格式书写的同时，还必须重视考卷的书法。一般地说，策冒文四行八行无定式，后则相沿用十四行；策尾文六行或八九行，亦皆预拟携入。中间答问四道，每道约三百余字，十六七行。文内遇有“皇帝”、“宸严”等字另行抬头书写。全文禁止添注涂改。

应试者欲得高第，除文章写得好外，关键还在其书法。清朝皇帝向有注重殿试楷法之说，甚至到了“抑文重字”的程度。因而有的考生策文流畅且颇具才华，但由于不合楷法，或书法不佳，至使应试受挫，或未被列入优等。正如康有为所说：“国朝列圣宸翰，皆工妙绝伦，而高庙尤精。承平无事，南斋供奉，皆争妍笔札，以邀睿赏，故翰林大考试差、进士朝殿试、散馆，皆舍文而论书。其中格者，编、检起授学士，进士殿试得及第。朝考一等，上者魁多士，下者入翰林。其书不工者，编、检罚俸，进士、庶吉士散为知县。”

基础篇

应试之书的选择与运用

从某种意义上说，如果真正地想学好策文的写作，应该阅读的书籍包括很多方面，说起来也很庞杂，也就是说，经、史、子、集类的书籍都应该涉猎到。但就一般的读书人来说，毕竟会受到各种条件的限制，也不可能得到那么多的书，也不可能读到那么多的书，仅就应试而言，只能是挑选一些容易找得到的，而且又很管用的书籍。这样的书籍无外乎两个方面，一方面是类书，另一方面是有关策学的一些著作，不管怎么说，没有一定的知识作支撑，要想得心应手地好策文是不可能的。在这里不妨介绍介绍这两类书籍。

类　书

所谓的类书，通俗地讲就是采摭群书、辑录各门类或某一门类的资料，随类相从而加以编排，以便于寻检、征引的一种工具书。类书按其内容和编排方式不同，有义系、形系、音系三类：义系就是按材料的义类分部编排，如天文、地理、人事类。每系中又分若干小类，如天文分有日、月、星、时等；时又分春、夏、秋、冬等。形系是按字形编类，即将两个字组成的词语按其上一字归入同一字的类中，而举出包含这个词语的诗文篇目，如清代的《骈字类编》，古代类书大多属此类；音系类书是从古书中摘取二至四字的短语，按末一字的韵编入某韵，主要供编纂字、词典找资料出处所用。如元代的《韵府群玉》、清代的《佩文韵府》。

我国古代类书之祖，当首推魏时之《皇览》。就据《三国志·魏志·文帝纪》载：魏文帝曹丕时“使诸儒撰集经传，随类相丛，凡千余篇”。此书早已散佚，后世虽有一些辑佚本，但所存不多，难以窥其全貌；唐代官修类书有三部，即欧阳询等奉敕撰《艺文类聚》，许敬宗等奉敕撰《文馆词林》，徐坚奉敕撰《初学记》。私撰的有二部：虞世南撰《北堂书抄》和白居易撰《白孔六帖》；宋代类书编纂规模空前，产生了许多大型类书。较为著名的有《太平御览》一千卷。宋太平兴国二年（977年）下诏命李昉等人编修，初名《太平总类》，太宗令人日进三卷阅览。“此书千卷，朕欲一年读遍”，故改题今名。又简称“御览”。《册府元龟》1000卷。宋真宗命令王钦若、杨亿等辑。始于景德二年（1005年），历时八年修成，将历代事迹，自上古至五代，分门顺序排列。所采以史籍为主，间取经、子引文多整章整节，对宋以前史辑的校勘工作有较高价值。

明清两代官修和私辑的类书更是汗牛充栋。这里只介绍两部规模巨大最富代表性的类书——《永乐大典》和《古今图书集成》：该书集中图书八千余种，依洪武正韵将有关资料整编。其体例是“用韵以统字，用字以系事”，即以洪武正韵为纲，按韵分列单字。每一单字下详注音韵训释，录有篆隶楷草各种字体，字下将有关人物事件、制度名物、山川河流、天文地理、诗词歌赋、号令文章，随字所含之类收载。《永乐大典》篇幅浩繁，内容十分丰富，保留了不少古籍。可惜正本毁于明末，副本也在八国联军侵入北京时被洗劫，现仅存七百余卷。《古今图书集成》，清康熙时陈梦雷等编，康熙四十五年书成，赐名《古今图书集成》。雍正时复命蒋廷锡等重新增删润色。原书分六编，三十四志，修订后的该书改为三十二典，共一万卷。全书体例以六汇编为总纲（历象、方舆、明伦、博物、理学、经济），各编下分典，计三十二典。典下分部，凡六千余。部下又分别列有汇考，总论、图表、列传、艺文、造句、纪事、杂录、外篇等细目。所引图书资料，一律注明出处。《古今图书集成》卷帙浩瀚正如雍正所称赞："贯穿古今，汇合经史，天文地理，皆有图记。下至山川草木，百工制造，海西秘法，靡不备具。洵为典籍之大观。"为世界文化史上所罕见。

（1）类书的用途

类书究竟有什么用途？古人为什么花那么大的气力去编纂类书？宋代高承撰、李果订的《事物纪原》的两则序言说得非常清楚。阎敬在《事物纪原》的序言中说："盈天地之间唯万物，亘古今有事变焉。物有万殊，事有万变，而一事一物，莫不有理，亦莫不有原。不穷其理，则无以尽吾心之知，不究其原，又曷从而穷其理哉。故圣门之学，以格物致知为先；文学之士，以博问洽识为贵，而一物不知，又儒者之所耻也。夫以有限之见闻，而究无穷之事物，况载籍之繁，汗牛充栋，虽矻矻穷年，而欲其知无不尽亦难矣。此《事物纪原》之所由作也。敬少游群痒时，国子祭颐庵胡先生致政以归，居城南别墅，敬以乡子弟抠衣门墙，考德问业，启益良多。先生曾以是书授敬，曰：'子详观而识之，亦格物穷理之一助也。敬拜受而伏读之，不啻溯黄河之流于昆仑，而知其源之所自也。大而天地山川，小而鸟兽草木，微而阴阳之妙，显而礼乐制度，古今事物之变，靡不原其始，推其自，而详其实也。初学之士，得而阅之，则事事物物之原，悉了然于心目之间，亦可以知其概矣。其为益也不既博哉。"李果也在《事物纪原序》中说："……士子恒业，多闻多见，儒家所尚。然非格物致知以穷其理，广求博采以资其学，将见闻见孤寡，遇事执迷，接谈有及，未免左右言他，束手忸怩，不能为世之有无也。是书诚多闻多见之捷径，格致穷理之蓍龟，学者苟能熟读潜玩，溯流寻源，则涉猎酬对，泛应曲当，无所不可矣。此颐庵所以珍重，而后学所当为至宝，博雅君子，再加增益而是正之，固所望也。”

（2）类书的编排体例

各种类书的编排体例不尽一致，但还是有规律可循的。如果我们细致地分析一部类书的体例，或许可以起到管中窥豹的效果。仍以类书《事物纪原》为例，先是《总目》，然后是详细《目录》。《总目》列出十卷：

卷一：天地生植部、正朔历数部、帝王后妃部、嫔御命妇部、朝廷注措部、治理政体部、利源调度部；

卷二：公式姓讳部、礼祭郊祀部、崇奉褒册部、乐舞声歌部、舆驾羽卫部；卷三：旗旐带服部、冠冕首饰部、衣裘带服部、学校贡举部；卷四：经籍艺文部、官爵封建部、勋阶寄禄部、师保辅相部、法从清望部；卷五：三省纲辖部、持宪储闱部、九寺卿少部、秘殿掌贰部、五监总率部、环卫中贵部；卷六：横行武列部、东西使班部、节钺帅漕部、抚字长民部、京邑馆阁部、会府台司部；卷七：库务职局部、州郡方域部、真坛净社部、灵宇庙貌部、道释科教部、伎术医卜部；卷八：舟车帷幄部、什物器用部、岁时风俗部、宫室居处部、城市藩御部、卷九：农业陶渔部、酒醴饮食部、吉凶典制部、博弈嬉戏部、戎容兵械部、战阵攻守部、卷十：军伍名额部、律令刑罚部（附胥吏八事）、布帛杂事部、草木花果部、虫鱼禽兽部等。

全书五十五部，凡1764事。如学校贡举部第十六，凡四十四事：学、孔子庙、配坐、先贤配、武学、太公庙、武成庙、贤良、秀才、进士、明经、学究、三礼、三传、明法、处士、武举、乡贡、贡士、群见、辞赋、三场、杂文、印卷、混榜、印题、封弥、巡捕、监门、知举、对拜、别试、放榜、殿试、唱名、五甲、及第、释褐、赐宴、题名、赐儒行、谒先师、登科记、曳白。这部类书摘录汇辑经、史、子、集等多种文献中的原文，然后按内容性质等分门别类进行编排组织，以供寻检查和征引。在这里，为了让读者对类书有一个梗概的了解，以期达到管中窥豹目的，不妨把这四十四字事的前十事的出处引述出来，以见端倪：

【学】《礼》：有虞氏养国老于上庠。又曰：古之教者，家有塾，党有庠，遂有序，国有学。《孟子》：夏曰校，商曰序，周曰庠，学则古代共之。沿革曰：有虞氏大学为上庠，然则学，自有虞氏始也。《通典》曰：汉文翁为蜀郡，修起学宫，天下皆立学，自文翁始也。

【孔子庙】《后汉·钟离意传》曰：意为鲁相，身入孔子庙堂，盖孔子家庙也。《唐礼乐志》曰：武德二年，始诏国学立孔子庙，《会要》曰：六月一日也。贞观四年，又诏州县皆作。《会要》又曰：高宗总章二年，敕天下皆置，宋朝因之。

【配坐】《通典》曰：魏齐王芳正始二年二月，讲论通使太常释奠，以太牢祀孔子于辟雍，以颜回配，此盖其始也。《唐会要》曰：贞观二年，以颜子配享孔子，宋朝神熙宁中，大兴学校，又兼以孟子配也。

【先贤配】《唐会要》曰：贞观二十一年二月十五日，诏以左后丘明等二十一人，并令配享尼父庙堂，此盖其始也。苏氏曰：贞观显庆称二十一贤，太极开元即称二十二贤，将前勅并学令比类，于服虔下有贾逵，不知何年月附入。

【武学】宋朝神宗熙宁中兴学，以上舍养士，始就武成庙侧建武学，如太学仪。章衡编年通载曰：仁宗庆历三年五月，置武学于武成王庙，八月罢。

【太公庙】《唐书·明皇本纪》曰：开元十九年四月丙申，始立太公庙，十八日也。

【武成庙】《唐会要》曰：开元十九年四月十八日，置太公庙，以张良配享，仍简取自古名将准十哲。上元元年闰四月十九日赦文，太公望追封武成王，委中书门下择古名将新准文宣王例置亚圣十哲。建中三年七月十一日，史馆奏奉今年五月十五日勅武成王庙配享人，宜令史馆参详定名，以张良、田穰苴已下十人为十哲，孙膑、范蠡以下七十二人为弟子。

【贤良】汉唐逮宋，取士之制，有贤、良、方、正、茂才、异等六科，谓之制举。亦曰大科，通谓之贤良，其制盖自汉文帝始。史记文纪二十年十二月日食，令举贤良方正能直言极谏，以辅不逮，至十五年九月，策平阳侯窋等所选晁错。曰：兴自朕公是也。亦见班固《汉书·晁错传》云：事始则谓自孝武策仲舒始，非也。

【秀才】汉世取士，又有孝廉、秀才二等。齐宋以来，州有秀才之举。隋唐之代，其科最上。贞观中，有举而不第者，坐其州长，由是其科废，故自唐及宋，虽进士犹以秀才为号，自唐汉之旧也。苏氏演义曰：汉武有策秀才文也，李肇《国史补》曰：进士为时所尚久矣，俊又实在其中，由此出者，终身为文人，其通称为之秀才，投刺谓之乡贡。肇，元和中人，盖自宪宗时，已为进士之称也。

【进士】《摭言》曰：周诸侯贡贤于天子，升之太学，曰造士，大乐正论造士之秀者，以告于王而升诸司马，曰进士，其事见于礼王制及周官乐正之职，此盖进士之始也。《摭言》又曰：隋大业中始置进士之科，此盖设科之始也。

（3）类书的价值和使用

纵观类书的产生和发展，最初主要是供皇帝阅览有关治道兴衰、君臣得失的事迹，作为施政的一种借鉴参考书。后来不断产生的各种类书，不仅供皇帝阅览，也供士子科考时作文参考之用。甚至好多类书是专为士子写作诗文应付科举考试辑录资料。特别是宋代以后，类书的这种作用尤其显得突出。宋代之后，类书辑录资料注意各种事物的源流经过，已具有历史考证性质，如《事物纪原》、

《格致镜原》等。明清两代的《永乐大典》和《古今图书集成》，使类书的内容更加丰富，包括当时的一切学术著作，达到空前的高度。

类书的价值

类书的使用价值大致包括在以下几个方面：

第一，查找种类材料。类书中保存了有关历史、地理、典章制度、文学艺术、风俗习惯以及其他许多方面的材料，可以当作百科辞典来查考，解决阅读古书中的一般知识的问题，也可以当作一种分类的资料汇编来使用。寻找自已所需要的资料。例如我们不知道"寒食节"的由来，查《初学记·岁时部》，就能找到寒食节的传说与古代民俗的叙述。关于辞藻、典故等等，类书所收更多。凡是从一般的字书辞典中查不到的，都不妨查查有关的类书，一般的情况下，都可能从大型的类书中得到解决。

第二，校勘古书和考证史事。今本古书，时有讹误，可以利用古代类书引用的材料来校勘。例如今本《史记·始皇本纪》记载秦始皇三十六年有人持璧拦住使者说："为吾遗滈池君"，并且提到"今年祖龙死"。但《初学记》卷五"地"部的"华山"第五引《史记》"今年"作"明年"。据清儒考证，认为《初学记》作"明年"是对的，因为秦始皇（即龙祖）死于三十七年，不在当年。再有就是类书为四部资料所荟萃，其中保存的史实甚多，往往为史书所不载。《四库总目》《玉海提要》云："所引自经史子集，无不赅具，而宋一代之掌故，率本诸实录、国史、日历、尤多为后来史志所未详。"如《册府元龟》多采唐五代各朝实录、诏令奏议等，可以补充考证唐五代正史之阙误。清代刘文祺用《册府元龟》校勘《旧唐书》，其成果为世人瞩目就是明证。（见陈垣《影印明本＜册府元龟＞序》）

第三，辑录古代佚书佚文。类书采辑资料，都是根据当时所见到的书，录其原文一章一节，有的甚至录入整部书，如《永乐大典》。即便录自其他类书，时代也较早，一般地说，都采集范围很广，而且好多都注明作者姓名或作品出处。随着时代的变迁，旧籍不免散失，可是人们却可以在一些类书中查找到已经散失的旧籍中的篇章引文。如《北唐书钞》《艺文类聚》等，即大多录自隋唐以前的古籍。《太平御览》一书，这部类书引忆极多，阮元为鲍刻《御览》作的序中称："存《御览》一书，即存秦汉以来佚书千余种。"可见大型类书辑录古籍资料之丰富。

类书的使用

类书也和字书、辞典等工具书一样，有综合性和专科性两大类。大型类书多是综合性的，它的使用范围很广，用处也很大，而专科类的类书就"专"这一点上看，也是不可多得的好书。

首先，努力掌握综合性类书有两种编排检索方法。一是分韵法。按照中国传统的分韵法，有206部韵、106部韵和76部韵，即按该书所用的韵部，按韵去检查。如《永乐大典》76韵部，《佩文韵府》106韵部，相对地说，类书中分韵排列资料的还是少数。二是分类法。大部分大型类书是分类排列字辞资料的。大都是先分大类，次分小类，再次分子目。因此，我们查考资料，先看总目，了解这部类书分哪些门类，再断定自己所要查考的材料属于哪一门类，然后再查出这个门类的卷次页码，这样就可以找到了。比方说，要在中华书局影印的《古今图书集成》查阅有关"词曲"的材料，先要知道词曲属于文学类，从目录34卷《理学汇编》中的《文学典》里查出243卷"词曲部"在61、62两册内，即可从这两册中找到有关"词曲"的考证和文艺等内容了。

其次，必须了解专科性类书的类别。如在使用类书之前，首先应该知道这部类书的类别。如《册府元龟》，专记自古代至唐五代的君臣事迹，它是属于政治史方面的专科类书；《元和姓纂》《姓氏急就篇》等属于姓氏方面的专科书；《太平广记》《宋稗类钞》等是属于小说方面的专科书；《文选集腋》《文选锦字》等是属于文选修辞方面的专科书；《唐诗金粉》是属于唐诗修辞方面的专科书。……当然还有很多，都需要有所了解。

再次，使用类书，还应该了解每部类书的大致内容和特点。如一部类书拿到手里以后，你首先要知道它所辑录的古籍，始于何时，止于何代，内容详略如何等等。如使用《艺文类聚》，就应该知道它多辑录隋代以前的古籍，书中保存不少魏晋南北朝人的诗文；如使用《册府元龟》，就应该知道它专辑史事，尤其是唐五代的君臣事迹。而《唐类函》呢，则是汇集唐代各类书的内容，成为唐代类书的类书。《渊鉴类函》又在《唐类函》的基础上，补辑宋元以至明世宗嘉靖时的史实。因此，各种类书所采材料，取舍不同，各有特点。如果做到想查询什么资料，就知道到哪部类书上去找，使用起来就得心应手了。

策学参考书籍

因为试策要涉及到有关经史子集的各方面知识，所以策学也要将这些知识分门别类地告诉应考的士子。有些讲策学的书比较简略，只是提纲挈领而已，有的则是鸿篇巨制，有如百科全书。究竟选择什么样的策学书籍，其实也是一个因人而异、见仁见智的问题，但不管怎么说，要想提高自己的策文写作水平，必须多读一些这方面的参考书籍。

（1）策学专著的选择

对应试的士子来说，最管用的策学参考书无外乎两类，一是对策范文，也就是人们常说的策文集子，如《试策发硎》等，除此之外，策学著作除了一些大部头的类书之外，有一些类似于为现代议论文写作提供论据、论证的百科性质的书籍。应该说，这种类型的参考书，如果真的能熟练掌握，对于写好应试对策确实能起到事半功倍的效果。其中简略型的以乾隆间的《策略》一书为代表。这里

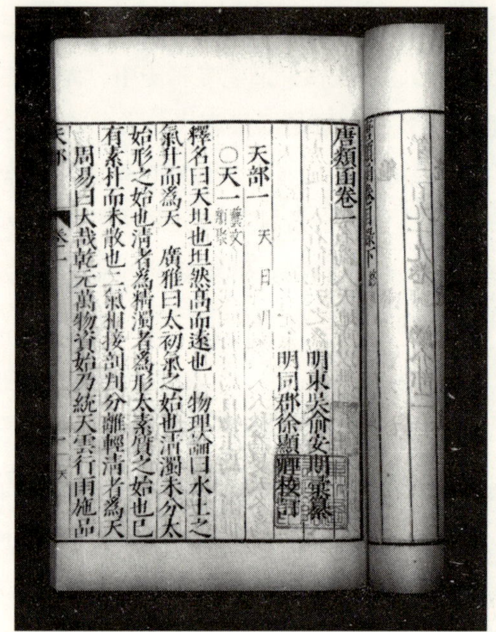
唐類函卷一
明東吳俞安期羨纂
明同郡徐顯卿校訂
天部一　天　日　月
〇天一 藝文類聚
釋名曰天坦也坦然高而遠也　物理論曰水土之
氣升而為天　廣雅曰太初氣之始也清濁未分太
始形之始也清者為精濁者為形太素質之始也已
有素朴而未散也二氣相接剖判分離輕清者為天
周易曰大哉乾元萬物資始乃統天雲行雨施品
天部　卷一　一　天

明刊本《唐类函》

的“策略”并非谋略之义，而是简略的策学的意思。这本书只有六卷，而内容以道统为首，及于经学、史学、天文、地舆甚至军制、律令、水利、官制，无所不包。而实际内容却只有五千多字，只能将每部史书及其作者作一简单评述。就中短者仅仅一语带过，如：“李百药《齐书》类多迁就之词，令狐德《周书》则只清谈是务。”最长者司马迁《史记》也不到二百字。这种简略的策学书籍，提供的只是最基础的知识，读者自己还得临场发挥。

鸿篇巨制一类则以光绪间的《策府统宗》与《策学备纂》为典型。前者有六十五卷，分为十二部，即经史子集、吏户礼兵刑工以及天文地理。后者规模更大，三百七十八卷，分作三十二门，从目录到内容都很丰富。还是以史部为例：这一门共九十四卷，光《史记》就占了九卷，细目将近两千条之多，举凡《分天下为三十六郡》《江西江东》《大风歌》等等应有尽有。史部所收内容不但是将廿四史的资料条分缕析，以便查阅，而且将前人有关的研究成果也分部别居插入其中，以长识见。如“分天下为三十六郡”条，在照录《史记集解》所释三十六郡后，又摘抄了清人《三余偶笔》的不同见解。这样既弥补了《史记》不载三十六郡名目之失，又让人有进一步思考的余地。史部以外的其他各门也有可观之处。由于内容丰富详赡，《策学备纂》成为光绪前期士子应考者的重要参考书。

（2）策学专著的功用

策学专著对应试的士子究竟有哪些功用呢?《策学纂要正续广三编合订》一书开宗明义：“策肇于淳，以学识见长；策沿于今，以记诵为博。顾记诵繁矣。”其书的主人在《广策学纂要续编》的导言中称：“策学之刻，何止充栋汗牛，自汇为纂要，海内遂至风行，迨扩以广编善本，然争传日下。然猎山者莫穷邓林之木，探渊者致遗瀚海之珠。摘觖虽精，捃摭未富，识者病焉。”而如今这部合订之本，

"可公目赏，俾操奇觚弄柔翰者得睹全斑，宝完璧，不允为射策之津梁，掇科之绣谱哉。"在这里，作者强调了要想写好策文，必须具备"记诵之博"的本领，有了这种本领以后，才谈得上"以学识见长"，从这一点上看，类似这样的参考书，确实是"射策之津梁"。

就拿这部《策学纂要正续广三编合订》而言，它虽然是一个巾箱本[①]，但浓缩的都是精华，而且经、史、子、集等方面的知识可谓包罗万象。全书共十六卷，每一卷包括正编、续编两部分。作者：万南泉、戴篑圃。

卷一正编：十三经总目、易经源流、易经义例、图像源流、易经注疏异同得失、易经诸家异同得失；续编：郑注改字、周易举正、子更易传。

卷二正编：书经源流、书经义例、书经注疏得失、书经诸家异同得失；续编：尚书古文。

卷三正编：诗经源流、诗经义例、诗经注疏异同得失、诗经诸家异同得失；续编：诗经三条。

卷四正编：春秋源流、春秋义例、三传异同得失优劣、三传注疏得失、春秋诸家传解异同得失、胡传与公谷左三传异同得失；续编：左氏杜注、公羊严颜二家、谷梁为子夏门人。

卷五正编：周官源流、周官义例、周官注疏得失、周官诸家得失、仪礼源流、仪礼义例、仪礼注疏得失、仪礼诸家异同得失、礼记源流、礼记义例、礼记注疏得失、礼记诸家得失、三礼辨异、三礼诸家异同得失；续编：礼记三条。

卷六正编：大学注疏及诸家得失、论语源流、论语注疏及诸家得失、孟子源流、孟子注疏及诸家得失、中庸注疏及诸家得失、孝经源流、孝经注疏及诸家得失、尔雅源流、尔雅注疏及诸家得失、

① 注：版本类型。中国古时刻印的版框开本极小、可以装在巾箱的书本，类似现在的口袋本。巾箱是古人装头巾的小箧。

历代解经诸家、南北传经诸家异同、坟典邱索辨、历代书经聚散略；续编：尊孟子、孟氏谱三迁志不足信。

卷七正编：宋元明道学源流、周程张异同、朱陆异同、先儒诸书异同、心性考、字学源流、字学义例、字学诸体、字学解家异同得失、字学诸家优劣、书法约论、历代韵学源流得失总论、古韵辨、通转、四声合并辨、四声分合辨、古今韵用辨、诗学源流、历代诗学优劣、江西诗派图、历代古文得失、唐宋八大家得失、唐宋八大家优劣、明代时文得失。续编：蝌蚪书、急就篇、章草。

卷八正编：荀杨董王韩得失优劣、历代正史得失、历代编年古史得失、历代杂史得失总论、历代霸史伪史得失总论、史评史抄得失、史名异同、史例异同、马班异同、三通得失。续编：荀子之失、杨子之失、文中子中说之妄。

卷九正编：历代官制异同、历代官制得失、历代铨选异同得失、历代考课异同得失、历代相业、历代循吏、历代儒史、历代廉吏。续续：翰林爵掌、江南名宦。

卷十正编：历代田制异同得失、历代赋税利病、历代漕运异同得失、历代盐法得失、历代屯田异同得失、历代户役异同得失、历代救荒、历代贮粜异同得失、历代杂税。续编：救荒事宜、除蝗。

卷十一正编：历代礼制异同得失、朱子家礼、历代学校异同、释教典、射礼、乡饮酒礼、养老、历代贡举异同、历代庙制异同得失、历代文庙及配享从祀异同、历代郊祀异同得失、郊祀礼文、郊祀从祭是非、郊祭分祭合祭是非、郊祀配享是非、郊祀九祭二祭是非、六天帝五天帝五人帝是非、郊祀明堂二祭异同、历代祀典异同得失。续编：经明、监生、秀才、举人、进士、十八房、三场。

卷十二正编：历代乐制沿革得失、历代乐舞沿革得失、历代律吕异同得失、律吕制度、历代乐歌得失、历代乐书得失总论。续编：律吕相生损益说。

卷十三正编：历代兵制异同得失、历代马政异同得失、历代训练异同得失、历代阵法异同、历代命将异同得失、历代武举、历代车战异同得失。续编：水师。

卷十四正编：历代刑制得失、历代弭盗异同得失、历代保甲异同得失、历代钱币、历代楮币、历代水利、历代治河、海防总论。续编：江南海防。

卷十五正编：天文、历代历法异同得失、治历之要、岁差、里差、勾股、天文分野。续编：七曜经星大小形体、四余、三际。

卷十六正编：地舆、南北风气得失、天下形胜、历代疆域分合沿革、各省形势利病。续编：天下要害、三大水源、南北强弱、江南形势、扬州取义。

（3）有关知识的记诵

类似于《策学纂要正续广三编合订》的策学专著，可以说是应付试策的非常有用之书。从内容上看包罗万象，具有百科全书的性质，如果应考的士子真的能够审时度势，有针对性记诵其有关章节，在对策过程中确实能起到事半功倍的效果。如《卷六正编·论语源流》云：

《艺文志》：《论语》者，门人记孔子应答弟子，时人及弟子相与言，而接闻于夫子之语也。汉兴有齐鲁之说，传齐论者，王吉宋畸贡语诸人，惟王吉名家，传鲁论者，龚奋夏侯胜韦贤鲁扶卿萧望之张禹，皆名家，张世归后而行于世。

隋《经籍志》：张禹本授鲁论，晚讲齐论，后遂分而考之，除去齐论《问王》《知道》二篇，从鲁论二十篇，为定周氏包氏为章句，马融为之训。又有古《论语》，与古文《尚书》同出，与鲁论不异，唯分尧曰篇为二篇，故有二千一篇，孔安国为之传，汉末康成（郑玄）以张侯论为本，参考齐论古论而为注，齐论遂亡，古论先无师说。梁陈之时，唯康成、何晏立于国家，而郑氏遂微，周齐郑学独立。至隋何郑并行，郑氏盛于人间，按齐论多《问王》《知道》二篇，史称张禹所删，夫禹何人而敢删之，况古论与古文《尚书》同，出孔壁章句，与鲁论不异，唯分“尧曰子张问”以下为一篇，共二十一篇，则《问王》《知道》二篇，孔壁中所无，度必后儒依效而作，所以不传。

《孟子源流》云：

赵歧序云：孟子生战国，以儒术干诸候，不用。退与万章之徒，疑难答问。著书七篇，秦焚书，以其书号子，得不泯绝。又为外书四篇，性善辨文说，《孝经》为正，其文不能宏深，似非孟子真本也。晁氏曰，按韩愈以此篇弟子所会集，与歧言不同。今考其书，载孟子所见诸侯皆称谥，如齐宣王、梁惠王、梁襄王、滕定公、滕文公、鲁平公是也，夫死然后有谥，孟子未恙时，所见诸侯，不应皆前死，且烈王元年至平公卒，凡七十八年，惠王一见目曰叟，必已耆矣，决不见平公之卒也。后人追为之明矣，则歧之言非也。《荀子》载孟子二见齐王，不言弟子问曰：“我先攻其邪心”。《杨子》载孟子曰：“夫有意而不至者有矣，未有无意而至者也。”今书皆无之，则散佚者多矣，歧谓秦焚书得不泯绝亦非也。或曰岂见于外书耶，则歧又不当谓其不能宏深也。

如《卷八正编·班马异同》云：

迁书起至五帝，固书以汉为始，以纪与世家言之。固惟尊本朝，则项羽自当降为列传，既断自汉，则世家自可不立，于是太伯以下，并加刊削，陈涉荆燕萧曹之属，并称列传。此班之异于马而得者也。以表言之，迁之广土诸侯年表以下，以地为主，年经国纬，以观天下大势。高祖功臣，年表以下，以时为主，国经年纬，以观一时得失。将相名臣年表以下，以时为主，以观君臣职分。而固悉变其例，又古今人人表，何涉汉代而九品之别，谬悠特甚，以志言之，因改志为书，而更河渠曰沟洫，既非汉志，更封禅曰郊祀。又不载原庙荐享，宗庙迭毁之事，更不准曰食货。又以桑弘羊均轮之术，为成周泉府之法。此班之异乎马而失者也。以列传言之，固既讥迁进奸雄，崇势利之失，而实仍蹈其辙，居摄建年不编平纪之末，孺子主祭，附载莽传之中，张汤出于酷吏，元后增以外戚，此班之同于马而失者也。然而固之公卿表略，备汉官制刑法，五行地理等志，寻源讨本，实可上补马迁之缺。郑夹漈（郑樵）讥固全无学术，岂为定论欤？至范蔚宗之后，汉陶冶千迁，固宜其尽曰二史之弊，乃志表纪传一本，固史未能绝去町畦，而杂识纬于儒林，载神仙于方术，事多诡谲，所以贻讥后人也。

策文的应试之法

你有考试之规，我有应试之法。自从策文这种文学体裁应用于科考的笔试以后，一个非常现实的问题就摆在了应试者的面前，他们殚精竭虑，努力思考着怎样提高自己的策文写作水平。特别是随着考试内容的多样化，读书人光凭背诵儒家经典或擅长吟诗作赋已难以取得科第，只有开拓知识面，培养独立的见解和分析能力，才有可能在激烈的科场竞争中稳操胜券。

饱览群书

应该说，较之于八股文之类的应试体裁，策文还算是能让士子们“尽其所长”的文字，并且主要考核士子是否博览群书。张之洞在《輶轩语》中说：“对策谈何易易，不过平日见书多者，学问有门径者，自能多有所知，不至瞠目茫然。此亦非若时文，可以仓卒取办者，近见坊间有《十三经策案》《二十二史策案》两书，引据颇不为陋，所言多是经史，……若肯常加披览，推类考究，大有益于根柢之学。近人翁元圻注《困学纪闻》、黄汝成《日知录笺释》之类亦好，二书用处甚大，即为对策，计常看亦好。总之经文或可欺（门外）汉，对策除平日多读书外，别无捷径也。”康有为1896年在万木草堂讲学时，也曾向学子介绍应策经验，“策学以《史通》合裁。问僻典以对为贵，能旁对为上策，对出问外也。问时务子书，以议论为主”。(见《万木草堂口说》)。

看来，“平日多读书”是提高策文写作水平的不二法门，早在西汉武帝的时候，国家创建太学，成绩优异的博士弟子可以入仕，另由秀考、明经等察举科目入仕的人也须考试合格才能入仕，读书才与做官有了直接的联系，从此便出身了“遗子黄金满籝，不如一经”的说法。但是作为最高统治者，率先赤裸裸地将利禄作为劝学手段的人，则是北宋真宗皇帝赵恒，他曾公开向士子鼓吹道：“富家不用买良田，书中自有千钟粟，安居不用架高堂，书中自有黄金屋。出门莫恨无人随，书中车马多如簇。娶妻莫恨无良媒，书中有女颜如玉。男女欲随平生志，六经勤向窗前读。”(见《古文真宝》前集卷首)应该说，入宋以后，读书就与科举结下了不解之缘。就像《容斋随笔》中说的那样：“为父兄者以其子与弟子不文为咎，为母妻者，以其子与夫为不学为辱。”从这个意义上说，科举制度推动了宋代文化的普及。

那么究竟读一些什么书呢？一句话，就是管用之书，而且应该是韩信点兵——多多益善。举子们能够识时务，掌握住国家典章文物，以备答策时得心应手，就必须读大量的有关书籍。士子们应举的需要，也促进了印刷业突飞猛进的发展。据史书记载，如何对策之类的书籍早在隋朝就应运而生了。这类所谓“策学”之书至今却是一本也看不到了，想来当是一些策文的范本，供人借鉴。当然，上面“出版”一词只是借用，其时印刷术尚未发明，这些书只能是一些写本书籍。可以想见，印刷术发明以后，这类刻本更是满天飞了，官私刻本都很盛行，除儒家经典之外，还遍及史书、子书、类书、诗文集、医书、算书、政书、小学等各个方面。

到了宋代，印刷术已经发展到一定的水平，朝廷中大臣的文集、诗集、奏章之类，经常镂版出售。此外还有专门记载本朝历史及制度的书，如国史、会要之类。举子们若收集此类书籍，精心阅读，当能知悉详尽。要从这类文件中吸取有关资料，并不容易。主要原因有二：其一是一般举子不容易接触到这类文献，大臣们的文集虽然出版了，但每次发行量并不是很大，举子所在地未必出售。宋代供一般士子阅读的图书馆也不普遍，此外有的重要文献，根本不准刊印发行，如国史、会要及大臣有关机密的奏章等。其二是举子本身的限制，他们一般都没有魄力利用原始材料做研究功夫，而希望获得现成的答案，于是为方便举子答案之用，许多应考场之书便出现了。

岳珂《愧郯录》有如下两条记载："自国家取士场屋，世以决科之学为先，故凡编类条目，撮载纲要之书，稍可以便检阅者，今充栋汗牛矣。"又说："于时文中，采摭陈言，区别事类，编次成集，便于剽窃，谓之决科。"（见《四部丛刊》续编）这类决科之书，当时极多，有相当分量的有这样两部：一部是林駉的《新笺决科古今源流至论》，此书从标题上就看得出来，为决科之用，所以一直明朝仍然很盛行。另一部是《永嘉先生八面锋》，相传是南宋大儒陈傅良编撰，全书分十三卷，每卷分为五个至十个标题，每个标题下都有一篇完整的文章，数百字与一千多字不等。《八面锋》文字极佳，分析时事又极到家，刻画入微，如论铨选之弊，就有下列这段文字：

"选法之弊，其弊在于任法，不在任官。是故吏部之权，不在官而在吏。三尺之法，适足以为胥吏取富之源，而不足以为朝廷为官择人之具。所谓尚书侍郎郎官者，据案执笔闭书纸尾而已。是故今之注拟，于吏部始入官，则得簿尉，自簿尉而得令丞，推而上之，则得幕职，由是法也，又上之至于守二，由是法也，其宜得者，则曰应格，其不宜得者，则曰不应格。若应格虽贪闒者，疲懦者，老耄者，乳臭者，愚无知者，庸无能者，皆得之。得者不知愧，与者

不知难。曰不应格者，虽其实贤能廉洁才智，皆不得也。”（见《永嘉先生八面锋》卷三）

陈傅良作《八面锋》时，自己仍然是个举子，并没有做官的经验，他的这段文字脱胎于杨万里的《千虑策》，杨的这部书共三十篇，是他入官后作的，当时他已做了两任官，对朝野各重大问题都有相当的认识，由此我们可以说，不是所有决科之书，都像岳珂所讲的那么糟，在程文里东抄西抄，毫无自己的见解。（见美国·罗文《宋代科举与舆论的关系》）

用好类书

雕版印刷业到了宋代有了突飞猛进的发展，我国最早的一部类书是编纂于曹魏时期的《皇览》，此后七百余年，新的类书并不多见。到了宋代，因类书能使人“博学”，备受士人重视，而得到迅速发展。据《宋会要辑稿》“选举五”之“一九”记载，早在北宋中期，已有不少“备场屋之用”的类书刊行。此后，私人修撰的类书更多，比较著名的有高承的《事物纪原》、孙逢吉的《职官分纪》，吕祖谦的《历代制度详说》、潘自牧的《记纂渊海》、章如愚的《山堂考索》、谢维新的《古今合璧事类备要》等十余种。至于说没有流传下来的类书一定也不会太少。

《四库全书总目提要》卷一三五《类书类一·源流至论》谓：“宋自神宗罢诗赋，用策论取士，以博综古今，参考典制相尚。而又苦其浩瀚，不可猝穷。于是类事之家，往往排比联贯，荟萃成书，以供场屋采掇之用。”在这里，明确指出许多类书是“为科举而设”的。类事之书，内容十分丰富，它上自帝王世系，下至花鸟鱼虫，几乎无所不包，这种百科全书式的类书的广泛传播，对普及文化知识有相当大的功用。与此同时，私人修撰当代史的风气，自北宋后期也颇为盛行。如李焘的《续资治通鉴长编》、王忠偁的《东都事略》、李心传的《建炎以来系年要录》等三十余种，历史上从来没有一个朝代有像宋代那么多的当代史。

宋代的类书和当代史之所以如此众多，一方面固然与封建帝王遵行重文传统，政治崇尚宽厚，使士大夫能够畅所欲言有关，另一方面，要使这些卷帙浩繁、内容枯燥、相互间不乏重复、雷同的史籍，让书坊不惜工本，一一予以刊刻，却另有一番原因，这就是类书与当代史作为场屋用书，深受广大士子青睐。翰林学士、知制诰洪迈等人于孝宗淳熙十四年（1187）二月曾上言，云："仰唯祖宗事实载在国史，稽诸法令，不许私自传习，而举子左掠右取，不过采诸传记、杂说以为场屋之备。牵强引用，类多讹舛，不择重轻。"宁宗嘉泰元年（1201）十二月，有臣僚上省闱利害四事，其四曰："国朝正史与凡实录、会要等书，崇护惟谨，人间私藏，具有法禁。惟公卿子弟，或因父兄得以窃窥，而有力之家冒禁传写，至于寒远士子，何缘得之？而近时乃取本朝故事，藏匿本末，发为策问，是责寒远之士从素所不见之书，欲其通习，无乃不近人情。"（见《宋会要辑稿》选举五之一〇二五）从这两道奏疏中可以看出，宋自熙宁变法以来，在礼闱到殿前的策试中，常以国史内容为问目，少数公卿子弟和有势力之家犹可依恃权势，得到正史、实录等抄本，对于成千上万平民出身的士子来说，除抄掠传记、杂说以作应付外，就只能是一筹莫展了。

类书或者其它策学类的工具书往往都是鸿篇巨制，记诵起来非常吃力。而且考场上又限定时间，没有多少工夫可供玩味。所以有经验的考生在试前都要预拟数十条策对空文，策问题目下发以后，则按照每门参入题旨，加以点缀成篇。即使遇到自己不熟悉的问题也并不可怕。有一位名叫侯凤苞的人就写了一篇《策学例言》，专门教人如何应对策试，摘要如下：

条对固以详明为上，然亦斗智不斗力也。必博集群书而后对策，闱中有几人乎？况所问者多至数十百条，虽极淹博，必有一二条偶而遗忘；虽甚空疏，亦有一二条偶然熟记。贵以其所知，证其所不知。……总之，所知者则铺张而附益之，累幅不止；不知者则深讳而固匿之，一字不题。……征实处以多为贵，欲见长也；空衍处以少为佳，恐取厌也。经史策欲其详，贵实学也；时务策不妨略，省空谈也。时务亦多述古而少谈今，古可觇学，今易触讳也。五策中择一二题人皆孑孑，我独有余，尽力写去，至千言以上，余则随意抒写，可满篇幅矣。所知过半者，挨次条对，不及知者，左右支吾，易露破绽，索性揉碎全题，错综变化而出之。笔力好者出没无方，凌驾有法，使阅者但觉文气之佳，遗漏者全然不觉，是一巧法也。……对策未求有功，先求无过。实对固佳，然偶有记忆不清，致成谬误，则所累不少。故平日流览，先必字字着实，自量不能记者，即删之。下笔时万分谨慎，略有所疑者，即阙之，此死法也。更有活法，则疑者，浑之记忆不全者，举一二以核之，人名可称昔人，地名书名时代，俱可迁就，则趋避有方，无割爱之嫌矣。

这些话尽管在一些地方有失偏颇，但仍可看作是经验之谈。

与时俱进

乾隆时有大臣请求改革考试方法，就认为时文(八股文)徒托空言，不适于用；答策随题敷衍，实不足以得人。但是当权者并不想取消这种桎梏读书人聪明才智的办法，仅在技术上稍作调整，便又将祖制继续奉行下去。直到晚清丧权辱国吃亏挨打半个多世纪后，才不得不在戊戌维新前夕，宣布对科举考试方法进行重大改革，其措施就是停用八股而改试策论。可笑议而未行，而光绪新政已败，一切又率由旧章。庚子事变几于亡国，辛丑于是重提科举改革，宣布自明年起改首场试中国政治史事论五篇，二场试各国政治艺学策五道，三场试四书义二篇、五经义一篇。把策试的地位提高了一级，又把策试的内容更加具体化了。

就在辛丑当年冬月，一部篇幅三百八十卷之巨的《万国政治艺学丛考》已经编就，第二年春天便已出版上编《政治丛考》，其速度远过于九十年后的今日。虽说这是因为追求经济效益所致，但未始不反映当时人急于改革的迫切心情，这由该书的序言可见一斑："我朝沿前明旧制，以八股取士。……虽有一二英俊之士不屑为所束缚，而功令所在不得不随俗浮沉诵焉习焉。上以是求，下即以是应，而中国人才遂以颓废而不能自振矣。……戊戌之夏，我皇上锐意鼎新，力求郅治，特诏废八股，改试策论，天下喁喁望治，未几而复试八股，豪杰之士靡不沮丧。洎乎去岁畿辅变起，两宫西狩，创钜痛深之后，我皇太后皇上知变法之不可或缓，于十月十六日特颁明谕，永废八股，乡会各场一律改试中国政治史事，暨各国政治艺学策论。……此诚我中国转弱为强之一大枢机，而薄海内外士子所当鼓舞欢欣而奋发策励者也。"

因为有这样的背景，该书的编辑目的就凸现出来了，序言于是继续说："特是以向所研精八股之人，而骤欲其纵谈万机，横议五洲，虽其中未始无博通古今之士，不难出向所学以应上求，而在乡曲迂墟见闻未广，使无汇集大成之书以资观览，何以藉通晓而便讨究？同人有鉴于此，因殚数人之力，需数月之久，博采东西新译诸书，不下数十百种，提要钩玄，旁搜曲证，掇其菁英，去其糠粕，融会贯通，以成一书，名曰《万国政学通考》。"

该书的《政治丛考》分为二十考，即：疆域、盛衰、交涉、度支、税政、币政、官制、民俗、礼政、刑政、学校、农政、工政、商政、矿政、兵政、船政、铁路、电报、邮政诸考。各考之下又再分为细目，如度支考就有英国国债、诸国国债多于中国、拟立中国文钱合益会、论中国易于富强这样的细目。《艺学丛考》则与今日的艺术毫不相干，乃是科技丛考之义(时人把西方科技与中国古代的术艺或艺术看成一类)，包括算学、身体学(即解剖学)、动物学、医学、工学等亦二十考。这部书最有参考价值的应该是附编部分的《万国政治艺学最新文编》八十卷。这实际上是策论的范文，在当时是给应试的士子模仿用的，例如《论封建难复而郡县当授常职》《纠合西人以开中国诸矿说》《推广江海商轮议》《论西人不尽似墨子》等等，在今天却未始不可用来了解清末的思潮动向。

专门搜集策论文章的文集也有，小型的可以《新辑各国政治艺学策论》为例，这也是在废八股诏颁布的翌年春就面世的。该书收集了百来篇有代表性的策论，因为是要给人作范本，所以不怕题目有所重复，不少文章都同题两篇并列，以让读者有所比较，如《中西农政异同考》《日本明治维新考》及《问西人似墨近儒》等篇都是。但是在作者方面却又尽量求其广泛，重复的很少，似有意充分体现各种不同的风格。

较大型的则有《中外文献策论汇海》，比上书稍晚出，为卷七十一，选文至三四千篇之多。该书序言在批评“近来坊本所刊策论种类甚繁，然多系采录经世文编及旧刻史学政治诸书重以编辑而成，其名虽新，其文实旧”后，自称其书“广搜各省课作、各省新报，并译西报之最新论说，……凡场中应出之题，此编已无题不有，无论不精。一展卷间，中外得失之故，古今利病之原，皆可恍然于胸中，即可运用于腕底。”有此种种优点，自然十分诱人。但是有些文章其实选得并不好，譬如《交涉》类中，竟有简单到一句话就算一篇的：在《与英为难》的标题下，就仅“克拉喀得来信云，尼欧坡尔人民现在预备军械，欲与英国商民为难。”这二十来字，算是策还是论？而且分类也不大讲究，如《兴浙会章程》不入“社会”类而入“地舆”，实在离谱。虽然如此，在“海内儒林久为八股所束缚，今欲尽弃其所学，不免手足无措”的情况下，这类书还是有其启发作用，而且也是很行时的。

科举未废除之前，仍然有人心存侥幸，希望通过“一博”来获得官位，不会去走由学校循序渐进的培养人才的道路。清政府虽早已有兴办学校的举措，但成效甚微，要不是靠着西文教育的维持早就无人问津了。因此在要求改革变法的强大压力下，颟顸的清廷不得不最终彻底端掉科举制，时在光绪卅一年(1905)。随着科举制的消亡，问策和对策也成了历史的陈迹。当着策试时行的时候，策学书籍和策文范本之类在书肆之中是琳琅满目应有尽有，但其命运与所有的敲门砖一样，用过了也就丢掉了，现在能看到的已经不多。这些书不但作为文化史上的一个印记值得保留，而且有些文集所选诸人多有今已湮没不彰的人物，还有一些是无名氏的作品，这对于研究那个时代的科举制度无疑有一定价值，还有一些少见的史料也藉此类书的采摘而得以保存，如《中外文献策论汇海》中有一篇《江西创办英文学塾略章》，就让我们知道在变法维新时期，不但沿海地区多有英语学堂，连内地的江西也有英文学塾。

示例篇

了解策文这种古代最常用的考试文体，最有效的还是采用“解剖麻雀”的方法，不仅看上去形象直观，而且也易于掌握有关方面的一些知识。在这里，我们不妨选择宋、明、清时代的策文各一篇，进行探索性的分析，从中寻找出规律性的东西，这对于人们学习和研究策文这种文体必定是极有益处的。

宋代策文名篇浅析

宋理宗宝祐四年五月八日，御试策题：

盖闻道之大，原出于天，超乎无极太极之妙，而实不离乎日用事物之常，根乎阴阳五行之赜，而实不外乎仁义礼智、刚柔善恶之际。天以澄谧，人极以昭明、何莫由斯道也。圣圣相传，同此一道，由修身而治人，由致知而齐家治国平天下，本之精神心术，达之礼乐刑政。其体甚微，其用则广，历千万世而不可易。然功化有深浅，证速有迟速者，何欤？朕以寡昧临政，愿治于兹，历年志愈勤，道愈远，窈乎其未朕也。朕心疑焉。子大夫明先圣之术，咸造在廷，必有切至之论，朕将虚己以听。三坟而上，大道难名，五典以来，常道始著，日月星辰顺乎上，鸟兽草木若于下。九功惟叙，四夷来王，百工熙载，庶事康载，非圣神功化之验欤？然人心道心、寂寥片语，其危微精一之妙不可以言概欤？誓何为而畔，会何为而疑，俗何以不若结绳，治何以不若画像。以政凝民，以礼凝士，以天保采薇治内外，忧勤危惧，仅克有济，何帝王劳逸之殊欤？抑随时损益道不同欤？及夫六典建官，盖为民极，则不过曰治、曰教、曰礼、曰政、曰刑、曰事而已。岂道之外又有法欤？自时厥后，以理欲之消长验世道污隆，阴浊之日常多，阳明之日常少，刑名杂霸佛老异端，无一毫几乎，道驳乎，无以议为然。务德化者，不能无上郡雁门之警。施仁义者，不能无末年轮台之悔，甚而无积仁累德之素纪纲治度为以维持凭籍者，又何欤？朕上嘉下乐，夙兴夜寐靡遑康宁，道久而未治，化久而未成，天变洊臻，民生寡遂，人才乏而士习浮，国计殚而兵力弱，符泽未消，边备孔棘，岂道不足以御世欤？抑化裁推行有未至欤？夫不息则久，久则证，今胡为而未证欤？变则通，通则久，今其可以屡更欤？子大夫熟之复之，勿激勿泛，以副朕详延之意。

解题及文天祥对策大意

理宗皇帝出的这个试题，先讲一番关于“道”的大道理：道之大“原出于天”，并且“超乎无极太极”，根植于“阴阳五行”的深处，看起来很奥妙，但与我们日常生活、思想观念密切相关。古往今来，都以道治理天下，为什么会有“深浅”、“迟速”之分呢？我治理天下有年，“志愈勤，道愈远”，对此我感到不可理解。

你们都是“明先圣之术”的学子，今天聚集在此，想必都有“切至之论”发表，我将“虚已以听”。然后，就天象、人文、帝王治政、纲纪制度、社会风气、国计民生等八个方面提出问题。最后进入正题：“天变洊臻，民生寡遂，人才乏而士习浮，国计殚而兵力弱，符泽未消，边备孔棘，岂道不足以御世欤？抑化裁推行有未至欤？”也就是说，天灾不断发生，人民生活十分困难；士林风气浮华，人才特别缺乏；盗贼蜂起，边疆紧急。这些情况的出现，究竟是天道失去了威严，还是教化的工夫没有普及？望考生们深思熟虑，以“勿激勿泛”的态度，发表见解，勿负我一片诚意。

文天祥在殿试对策中，首先就试题中关于“道”的理论，发表了见解。文天祥说，道存乎天地人心、上下四方、古往今来、阴阳五行之中，对修身齐家治国平天下，对礼乐刑政，对道德教化有决定任用，历来帝王都接“道”的原则办事。但“秦汉以降”，人们逐渐与“道”疏远了，其原因是真正了解“道”的人少了。

其实，这还是继承朱熹的观点。不过，文天祥很聪明，不在玄而又玄的“道”上多花笔墨，立即将话题转到现实上来。他说，陛下虽然当政多年，一心以“道”来治理天下，但效果很不理想，“上而天变不能以尽无，下而民生不能从尽遂。人才士习之未甚纯，国计兵力之未甚充，以至盗贼兵戈之警不断”，皇上为此晨昏不安。文天祥在试卷中，把皇上提出的八方面问题归纳成四个加以回答：“陛下分而以八事问，臣合而以四事对。”并说：“臣之所望于陛下者，法天地之不息而已。”即希望皇上以自强不息的精神，克服缺点，扫除弊病。文天祥提出的是哪四个问题呢？他写道：

臣闻天变之来，民怨招之也；人才之乏，士习蛊之也；兵力之弱，国计屈之也；虏寇之警，盗贼因之也。

然后，文天祥在试卷中就这四个方面的问题，一一作答。

第一，何谓“天变之来，民怨招之也？”显然这是一个“天人感应”的唯心主义命题，但从试卷中所举的实例看，却又说得在理。他认为，人们生活之所以如此困苦，其原因在于从皇帝到官员对人民的盘剥。他说：

今之生民困矣，自琼林、大盈积于私贮，而民困；自建章、通天频于营缮，而民困；自献助累见于豪家臣室，而民困；自和籴不间闾阎下户，而民困；自所至贪官暴吏，视吾民如家鸡圈豕，唯听咀啖，而民困。呜呼！东南民力竭矣！

这里一连串指出五个“民困”的原因，其中前三个都是针对南宋皇帝说的：琼林、大盈是唐代宗贮藏珍宝的仓库；建章宫、通天台是汉武帝建造的豪华宫殿；献助，是指豪家巨室以金银物资等向皇帝奉献和资助。文天祥用“借古喻今”的手法，对皇上进行批评与规劝。后两个致“民困”的原因，一是按民间的家户多少摊买粮食的“和籴”法，增加了贫苦人家的负担；一是贪官污吏视百姓为鸡豕，任意宰割。文天祥把批评的矛头指向皇上，对南宋历代皇帝大修宫殿、聚敛财物，盘剥人民，以及政策失误，官吏贪残的种种腐败现象作了大胆的揭露。他又写道：

生斯世，为斯民，仰事俯育，亦欲各遂其父母妻子之乐；而操斧斤，淬锋锷，日夜思所以斩伐其命脉者，滔滔皆是。

老百姓想安居乐业，但磨刀霍霍，日夜思谋宰割他们的人处处都是，他们能活命吗？所以“腊月靳瑞，蛰雷愆期，月犯于木，星殒为石”，连老天也为他们鸣不平，这是天象示警。文天祥说：

臣愿陛下持不息之心，急求所以为安民之道，则民生既和，天变或于是而弥矣！百姓生活安定了，民怨平息了，天灾也就会消失。

第二，何谓“人才之乏，士习蛊之也？”文天祥在试卷中对人才培养的重要意义作了一番议论后指出：“士习厚薄，最关人才。”他问皇上，你了解现在的士林风气吗？而今的士大夫之家教育孩子，从小到大都拣那些“不戾于时好，不震于有司”的诗书给他们读，为的是科举高中能当官坐高头大马。父兄师友所教，全是利己那一套，未当官前心思就学坏了，当官以后有什么气节可讲？让他们当地方官吏，会出现什么样的情况？这种人“奔竞于势要”、“趋附于权门”，蝇营狗苟，牛维马縶，患得患失，必然无所作为。要培养高素质的人才，必须改变今天的士林风习。文天祥说：

臣愿陛下持不息之心，急求所以为淑士之道，则士风一淳，人才或于是可行矣。

皇上要坚持选才标准，只要士林风气淳正了，人才是可以得到的。

第三，何谓“兵力之弱，国力屈之也？”文天祥在对全国兵力不足的情况作了分析后说，兵力不足在于财力不足，国力弱因为国家穷。然而国家既穷却又到处大兴土木，“琳宫梵宇，照耀湖山”；还要讲求享乐，“霓裳羽衣，靡金饰翠”；又要大把大把的银子赏赐给亲信，“量珠辇玉，邀宠希恩”。这些花销远远超过了年饷，如果以“天下之财，专以供军，则财未有不足者。”所以，文天祥说：

臣愿陛下持不息之心，急求所以为节财之道，则财计以充，兵力或于是可强矣。

意即只要皇上下决心压缩完全不必要的“浮费”、“冗费”开支，坚持节约，有了财力，兵力是可以增强的。

第四，何谓“虏寇之警，盗贼因之也？”文天祥举绍兴年间杨么在洞庭湖作乱为例，说明外虏与内患相互任用的关系：“臣闻外之虏不能为中国患，而其来也，必待内之变；内之盗贼，亦不能为中国患，而其起也，必将纳外之侮。盗贼至于通虏寇，则心腹之大患也。”因此，文天祥说：

臣愿陛下持不息之心，求所以弭寇之道，则寇难一清，边备或于是可以宽矣。

意即只要皇上拿出平定盗贼的办法，盗贼平定了，边疆的防务就可以放心了。

在考卷的后半部分，文天祥还就御试题中要求考生“勿激勿泛，以副朕详延之意”，发表议论说，皇上自从即位以来，提倡大家说实话、说真话，还从来没有发生过因直言而得罪的事情。我常希望有个机会能在天子之庭，直接向皇上陈述自己多年积蓄在心里的话，今天有幸得到这个机会，正好向皇上披肝沥胆，毫无顾忌地纵谈天下大事，但陛下却戒之“勿激勿泛”。不着边际的“泛”固然不好，然能击中要害、尖锐中肯的激烈言论，正是臣下一片忠心的表现，为什么皇上将它与泛泛而谈相提并论呢？这岂不是把臣下归入那种唯唯诺诺看风使舵的庸人之列了吗？接着，文天祥反问道：

然则臣将为激者欤？将为泛者欤？抑将迁就陛下之说，而姑为不激不泛者欤？

这几句话是尖锐的反诘，是颇为不恭的抗议，狠狠地将都抓住了皇上一军。直至试卷最后，文天祥都抓住这个问题不放：

臣赋性疏愚，不识忌讳，握笔至此，不自知其言之过于激，亦自知其言之过于泛。冒犯天威，罪在不赦。惟陛留神。

读罢文天祥的殿试卷，使我们特别敬佩的是他对国家、对人民的一片忠心、一片赤诚。参加考试本为功名富贵，向皇上阿谀奉承惟恐不及，而他竟然如此大胆地提出当朝皇上那么多不是，反映民间许多真实情况，而且言辞切直，毫不把博取功名放在心上，可见他的秉性刚直，光明磊落。

这篇洋洋洒洒的万言长文，气势磅礴，结构严谨，文辞畅达，一气呵成。据说从早晨拿到试卷，未时（下午2时）即写毕交卷。可见其文思泉涌，运笔如飞，思维敏捷，才华横溢。当时文天祥年仅虚岁二十一。

明代殿试试卷形制浅析

我国现存唯一的一份明代状元卷是明代万历二十六年（1598）戊戌科状元赵秉忠的殿试卷，它被列为国家一级文物，现在收藏在山东省青州博物院。

从这份试卷的外观形貌看，该试卷封面、封底均系绫装裱，正文三层宣纸装裱，而且装裱得非常典雅精致。系经折装，共19折。试卷高47.6厘米（天头8.6厘米，地脚3.3厘米，中间行文高35.7厘米），每折宽14.1厘米，每折六行，行宽2.4厘米。卷首天头有朱书“第一甲第一名”六个大字，下钤楷书“弥封关防”四个长方印。正文共15折，2460字，每字有一厘米见方，用工笔小楷写就。策末印有少保兼太子太保、吏部尚书、武英殿大学士张位等九位读卷官的职衔、姓名。正文卷尾印有“印卷官礼部仪制清吏司署郎中事主事臣朱敬循”大字一行，最后4折是所附状元赵秉忠的简历。全文如下：

应殿试举人臣赵秉忠，年贰拾五岁，系山东青州府益都县人。由廪膳生员应万历贰拾五岁乡试，中式；由举人应万历贰拾六岁会试，中式；今应殿试。今将三代脚色并所习经书，开具于后：

（一）三代：曾祖绅，故，不仕；祖道，故，不仕；父禧，存，仕。

（二）习《诗经》。（见魏振圣：《当年宫廷珍贵档案，今日国家

○赵秉忠双靴上床

一级文物——益都发现明代状元赵秉忠殿试卷》）

该对策的中心内容是论述皇帝必有“经理之实政”、“倡率之实心”，方可致雍熙之治。通篇对策一气呵成，文笔流畅。

从这份殿试对策的试卷完全可以看得出来，其对策有严密的格式要求：起收通常用“臣起臣对”发起，结尾多用“臣草茅贱士，不识忌讳，干冒宸严，不胜战栗之至。臣谨对”一句作结。“臣”字旁写，不写题目上，字号要略小一号，不许点句钩股，禁止添注涂改。正文低二字书写，空上二格留为抬头之用。策冒（策首几句总纲，谓之策冒）数行，提出全文主旨，提纲挈领，一目了然。接着以“恭（或‘钦’）惟皇帝陛下”转折，对当时的在位皇上大加颂扬一番，“秉神圣之资，扶盈承之运”之类，并说皇上“于万机之暇，特进臣等于廷，俯赐清问”。而后答策者再自谦一番，“臣虽愚陋，敢不披沥愚忠以对扬于万一耶”？接下来对策冒稍微展开阐述一下，继之以“伏读制策有曰”发起，（第二、三问等则用“制策又曰”发起），针对策问一一作答。在回答具体问题时必须联系实际，提出解决现实问题的对策。这一部分是对策的核心部分。一个士子观察、分析、解决问题的能力也多从这一部分体现出来。最后是数行策尾，应试者告诫皇上若照此对策实心求治，自可“比隆三代，超绝百王”。此外，文内称颂，凡遇到“皇帝”、“陛下”、“宸严”、“祖宗”等词皆须另行双抬，而“经筵”、“大廷”等词则只需单抬即可。凡此种种，不一而足。

另外，明代的乡试、会试试录中，通常也录载第三场五道策问的试题，并选择优秀对策作为程文以范式天下。策问内容及对策书写规则也大体相同。相比较而言，乡试策问多就某一事、某一问题发策，较为具体。而会试与殿试一样，系全国性的考试，故时务策问带有全局性，多涉及军国大事。因乡、会试发策者是各级考试官员而不是皇帝（至少不是以皇帝名义），所以对策格式也不像殿试对策那样严格而繁琐，格式较为灵活，应对比较自由。

清代殿试试卷形制浅析

中国文物研究所藏有一份清光绪十六年（1890年）钱昌瑜在紫禁城保和殿应试的对策卷。关于钱昌瑜应殿试的考试地址，我们从原策卷上并不能得知。据清末史官傅增湘考证，清初殿试地址在天安门外，后礼部请试于太和殿东西的台阶下，遇到风雨天改在太和殿东西的庑廊下，雍正元年殿试时因天气寒冷，皇帝特恩在大殿内的两旁考试。乾隆五十四年又改在保和殿考试，之后一直沿袭下来。由此推测钱昌瑜当是在保和殿应考。据说，钱昌瑜殿试原卷当是建国初期经郑振铎、王冶秋等先生之手从民间收购的，后转交中国文物研究所保存（见侯石柱等《穷根究源——中国文物研究所的历史和它的一批“宝贝”》。

这份为试卷形制为折装，有卷面、卷底，中间10开，每开2页，每页高44厘米，宽11.4厘米。在这份策卷中，留下了有关应试者、策试内容，以及殿试的组织、试卷阅评规制等方面的信息，这对我们管窥已废止百年的、帝制下最高规格的科举考试的历史情形提供了一个生动而直接的例证。

钱昌瑜的应试简历这样写道：“应殿试举人臣钱昌瑜，年叁拾捌岁，广东广州府三水县人。由附生应光绪十五年（1889年）乡试，中试，由举人应光绪十六年（1890年）会试，中式。今应殿试，谨

乾隆叁拾陸年辛卯科順天武鄉試題目

第叁場

論

以力久以氣勝

策

問自古論将之說或以為設施方略悉由天秉不可以學致故霍去病名将也而不學孫吴或謂讀書益人神智故吕蒙學問之後才識增長将略方優是二說者孰為善歟治兵之道訓練為先古者兵農未分故習兵於蒐苗獮狩皆在農隙唐宋以來兵農各異始可行日操之法是其兵之彊當倍於古而後乃不勝其弊者其故何在夫操練者法也将弁者行此法者也今将謂立法詳備授之營伍遂可使有勇而無怯有彊而無羸乎抑在行此法者之實心任事方可收折衝禦侮之實效歟至屯田之法自古稱善然如趙充國諸葛亮羊祜杜預韓重華之徒或不久即撤或僅行之内地若今新疆屯政地在萬里之外而為

國家久遠之儲其道實有超越千古者諸生亦嘗識其理而能言其故歟

皇上威業邁於隆古威棱讋乎遐陬荒陲部落匍匐偕徠舊服者歌仁新附者景化

文武具修兵食交足諸生幸際

昌辰以干城自期於是數端必素習而深思之矣尚悉陳所得焉

将三代脚色开具于后……”。可以看出，在科举仕途中，士子们需要经过层层的考试和选拔。在这一系列的考试中有两次大考，一是乡试，一是会试。所谓乡试，是每三年各省集附生（清代凡童生入学者皆称附生，即秀才）于省城，朝廷选派正副主考官对其进行的考试，中试者为举人，如人皆熟知的“范进中举”。明清时期，乡试的次年，中举者集中到京师参加会试，中式为贡士后才有资格参加殿试。

殿试的高规格，还体现在考试的组织和程序上。清代殿试主要由礼部掌管，在钱昌瑜殿试卷卷面的下方钤有礼部的朱文官印。印的左边是满文，右边是汉文。卷背面分折之间的骑缝处也钤盖此章。在整个考试的组织过程中，会涉及多种职责。我们从卷底的朱文大木印记上知道，有两位“印卷官”，他们分别是礼部员外郎春林、礼部主事黄英采。据考，清初印卷官为三人，嘉庆以后减为二人。（见傅增湘的《清代殿试考略》）此外，从已拆封的策卷的“关防”官印，以及卷背面墨书的标识中，我们还可得知有防止舞弊的“弥封官”，评定试卷优劣高下的“读卷官”等。

除了上述的规制外，应试者在答卷时要遵循一定的书写格式。钱昌瑜用正楷墨书自己的姓名，在第一开的前半页按格式写明自己的简历。之后，在测试内容部分，其形制为每开十二行，不画横格，每行连抬头楷书二十四字。至于篇幅长短，在乾隆初曾议定“通达治体者，任其发抒，不必限以字数”，只是篇幅最短者要在千字以上。一般来说，乾隆时应试者多写8开另10行，嘉庆以后则多写7开另4行。钱昌瑜的策卷内容部分写了7开另4行，共1952字。先写策冒14行，接下来是策题和对答。

策问从四个方面发问，内容涉及经义、疆域经营、茶税得失和边防安危。即“三代之帝王心法治法，相为表里，《大学》《中庸》道法悉备，此诚圣学之渊源而治道之根柢也”；“东三省为国家根本重地，所宜究心，此可见精勤图治，体国经野之远谋也”；“天生庶物以养万民，国之大用亦由斯而出。然则茶税之得失，其所关非浅小也”；“从古极盛之朝不能不为边防之虑，有备无患此乃安不忘危者也”。钱氏在对策中逐条对答。

有关考试题目及其产生方式，会随着帝王的取向和旨意有所变化。清初出题字数一般在两三百字，涉及二三件事，如顺治丁亥科（1647年）其题目为求得真才、痛革官弊及筹饷三项。康熙以后所出题目长达五六百字，分列四项，策题先由内阁预拟，再由康熙帝选定。也许这种方式可能会有泄题或容易使考生产生揣摩押题的弊端，乾隆二十六年（1761年）谕令在殿试的前一天，令读卷大臣秘拟八条进呈，皇帝从中选定四条，再由内阁的两位读卷官亲自书写，入夜传匠刊刻。据考，乾隆四年皇帝亲自出题，且不拘旧式；而乾隆四十八年（1783年）的策题并不是读卷官原来所拟定的。光绪中期之后，策题渐尚“琐屑僻事”，如蒙古地理、西藏地名之类的内容。（见傅增湘《清代殿试考略》）

通观钱氏的卷面，楷体墨书，结字工整，无一瑕疵，颇类同于当时的馆阁体。这种书体在明清时流行于馆阁，字形匀正，墨色乌亮。光绪中叶以后，殿试对策用字则皆楷体，并以黑、大、圆、光为美，禁用破体、帖书，若遇有写字时出现差误，则要另加一黄签贴在旁边。就策卷的文与字相比较而言，读卷官在评卷时除了看策文有无疵误之外，往往较偏重于字的书写，字写得如何是能否入选的一个重要尺度。

读卷官对考生策卷的审阅和评定结果，在卷子上也有反映。策尾空幅的背面上可以看到墨书的八位读卷官的姓字，及其阅评策卷优劣的等级标识。这八位读卷官的姓氏分别是“福、徐、麟、翁、嵩、徐、廖、汪”，其下有“O”、“Δ”两种标记。这种阅评制度在各时期略有不同，清初读卷官有十四位，人选由内三院詹事府、都察院通政司、大理寺各堂官点派，乾隆二十五年（1760年）减为八人。读卷官阅卷后的评定标识在清初并不直接书写在卷子的背面，而是写在卷背所粘贴的一个签上，评定标识从高到低分依次分“○·△｜ㄨ”五等。为昭公慎起见，避免读卷官们对同一策卷所评定等级的过分悬殊，乾隆五十二年后改为在卷后弥封之外就卷标识，不用浮签，以免偷梁换柱，并写上读卷官八人之姓，姓字下画标识。嘉庆以后读卷官就卷标识的位置改在策尾空幅的背面。（见傅增湘《清代殿试考略》）钱昌瑜的策卷经八位读卷官的阅评，获得了两个一等，六个三等。

根据阅评，拟定次第后，在卷前的弥封侧贴一黄签，其上写清拟定的名次。殿试次第分三甲，一甲三名，在黄签上直接写第几名；二甲、三甲皆若干名，在黄签上要写二甲或三甲第几名的字样，比如《钱昌瑜殿试卷》背面的弥封条右下侧所粘贴的黄签上墨书“第二甲第八十五名”。等策卷拆封检视应试者姓名后，再以朱笔书于卷面，即为定案。然后内阁据此填写金榜。中式一甲的前三名，依次又称状元、榜眼和探花，赐进士及第；中式二甲者，赐进士出身，中式三甲者赐同进士出身，并依次授官。这一制度始于明太祖洪武四年（1371年），清顺治三年丙戌（1646年）开科后一直延续下来。

赏读篇

刘蕡对策欣赏

唐代文宗大和二年（828）戊申科：

殿试策问：

朕闻古先哲王之治也，玄默无为，端拱司契，陶氓以心居简，凝日用于不宰，厚下以立本，推诚而建中，繇是天人通，阴阳和，俗跻仁寿，物无疵疠。噫！盛德之所臻，敻乎其不可及已。三代令主，质文迭救，百氏滋炽，风流浸微，自汉以降，足言盖寡。朕顾唯昧道，祗荷丕构，奉若谟训，不敢怠荒，任贤惕厉，宵衣旰食，讵追三五之遐轨，庶绍祖宗之鸿绪，而心有未达，行有未孚，由中及外，阙政斯广。是以人不率化，气或堙厄，灾旱竟岁，播植愆时。国廪罕蓄，乏九年之储；吏道多端，微三载之绩。京师，诸夏之本也，将以观治，而豪猾逾检；太学，明教之源也，期于变风，而生徒惰业。列郡在乎颁条，而干禁或未绝；百工在乎按度，而淫巧或未息。俗恬风靡，积讹成蠹。其择官济治也，听人以言则枝叶难辨，御下以法则耻格不形；其阜财发号也，生之寡而食之众，烦于令而鲜于治。思所以究此缪疵，致之治平，兹心浩然，若涉渊冰。故前诏有司，博延群彦，伫启宿懵，冀臻时雍。子大夫皆识达古今，志在康济，造廷待问，副朕虚怀，必当箴治之阙，辨政之疵，明纲条之臻紊，稽富庶之所急。何施革于前弊？何泽惠于下土？何修而治古可近？何道而和气克充，推之本源，著于条对。至若夷吾轻重之权，孰辅于治？严尤底定之策，孰叶于时？元凯之考课何先？叔子之克平何务？惟此龟鉴，择乎中庸，斯在洽闻，朕将亲览。

刘蕡对曰：

臣诚不佞，有正国致君之术，无位而不得行；有犯颜敢谏之心，无路而不得达。怀愤郁抑，思有时而发。常欲与庶人议于道，商贾谤于市，得通上听，一悟主心，虽被妖言之罪无所悔。况逢陛下询求过阙，咨访嘉谋，制诏中外，举直言极谏。臣辱斯举，专承大问，敢不悉竟以言？至于上所忌，时所禁，权幸所讳恶，有司所与夺，臣愚不识，伏惟陛下少加优容，不使圣时有谠言受戮者，天下之幸也。谨昧死以对：

伏以圣策有思古先之治，念恳默之化，将欲通天地以济俗，和阴阳以煦物，见陛下虑道之深也。臣以为哲王之治，其则不远，惟致之之道何如耳。伏以圣策有祇荷丕构而不敢荒宁，奉若谟训而罔有怠忽，见陛下忧劳之至也。若夫任贤惕厉，宵衣旰食，宜绌左右之奸佞，进股肱之大臣。若夫追踪三五，绍复祖宗，宜鉴前古之兴亡，明当代之成败。心有未达，以下情蔽而不能上通；行有未孚，以上情壅而不得下浃。欲人之化，在修己以先之；欲气之和，在遂性以导之。救灾旱在致精诚，广播殖在视食力，国廪罕蓄，本乎冗食尚繁；吏道多端，本乎选用失当，豪猾逾检，繇中外之法殊；生徒惰业，繇学校之官废；列郡干禁，繇授任非人；百工浮巧，繇制度不立。伏以圣策有择官济治之心，阜财发号之叹，见陛下教化之本也。且进人以行，则枝叶安有难辨乎？防下以礼，则耻格安有不形乎？念生寡而食众，可罢斥惰游；念令烦而治鲜，要察其行否。博颜群彦，愿陛下必纳其言；造朝待问，则小臣安敢爱死？伏以圣策有求贤箴阙之言，审政辨疵之令，见陛下咨访之勤也。遂小臣斥奸豪之志，则弊革于前；守陛下念康济之心，则惠敷于下。邪正之道分，而治古而近；礼乐之方著，而和气克充。至若夷吾之法，非皇王之权；严尤所陈，无最上之策；元凯之所先，不若唐尧考绩；叔子之所务，不若虞舜舞干。且夫大德之中庸，上圣之龟鉴，又何足为陛下道之哉？或有以系安危之机，兆存亡之变者，臣请披肝胆为陛下别白而重言之。

臣前所谓“哲王之治，其则不远”者，在陛下慎思之，力行之，始终不懈而已。谨按《春秋》：元者，气之始也；春者，岁之元也。《春秋》以元加于岁，以春加于王，明王者当奉若天道，以谨其始也。又举时以终岁，举月以终时，《春秋》虽无事，必书首月以存时，明王者当承天之道，以慎其终也。王者动作始终必法于天者，以其运行不息也。陛下能谨其始，又能谨其终，懋而修之，勤而行之，则执契而居简，无为而不宰，广立本之大业，崇建中之盛德，安有三代循环之弊，百伪滋炽之渐乎？臣故曰：“唯致之之道何如耳。”

臣前所谓“若夫任贤惕厉，宵衣旰食，宜黜左右之奸佞，进股肱之大臣”，实以陛下忧劳之至也。臣闻不宜忧而忧者，国必衰；宜忧而不忧者，国必危。陛下不以国家存亡、社稷安危之策而降于清问，臣未知陛下以布衣之臣不足以定大计耶？或万机之勤有所未至也？不然，何宜忧而不忧乎？臣以为陛下所先忧者，宫闱将变，社稷将危，天下将倾，四海将乱。此四者，国家已然之兆，故臣谓圣虑宜先及之。夫帝业艰难而成之，固不可容易而守之。太祖肇其基，高祖勤其绩，太宗定其业，玄宗继其明，至于陛下，二百余载，其间圣明相因，扰乱继作，未有不用贤士、近正人而能兴者。或一日不念，则颠覆大器，宗庙之耻，万古为恨。臣谨按《春秋》，人君之道，在体元以居正。昔董仲舒为汉武帝言之略矣，有未尽者，臣得为陛下备论之。夫继故必书即位，所以正其始也；终必书所终之地，所以正其终也。故为君者，所发必正言，所履必正道，所居必正位，所近必正人。《春秋》："阍弑吴子余祭。"书其名，讥疏远贤士，昵刑人，有不君之道。伏惟陛下思祖宗开国之勤，念《春秋》继故之诫。明法度之端，则发正言，履正道；杜篡弑之渐，则居正位，近正人。远刀锯之残，亲骨鲠之直，辅相得以颛其任，庶僚得以守其官。奈何以亵近五六人总天下大政，外专陛下之命，内窃陛下之权，威慑朝廷，势倾海内，群臣莫敢指其状，天子不得制其心，祸稔萧墙，奸生帷幄，臣恐曹节、侯览复生于今日，此宫闱将变也。臣谨按《春秋》："定公元年春王。"不言正月者，《春秋》以为先君不得正其终，则后君不得正其始，故曰"定无正"也。今忠贤无腹心之寄，阍寺专废立之权，陷先帝不得正其终，致陛下不得正其始，况太子未立，郊祀未修，将相之职不归，名器之宜不定，此社稷将危也。臣谨按《春秋》："王札子杀召伯、毛伯。"《春秋》之义，两下相杀不书。此书者，重其颛王命也。夫天之所授者在命，君之所存者在令。操之命而失之者，是不君也；侵其命而专之者，是不臣也。君不君，臣不臣，此天下所以将倾也。臣谨按《春秋》：晋赵鞅以晋阳之兵叛入于晋。其书归者，能逐君侧之恶以安其君，故《春秋》善之。今威柄陵夷，藩臣跋扈。有不达人臣大节，而首乱者将以安君为名；不究《春秋》之微，称兵者在逐恶为义。则典刑不繇天子，征伐必自诸侯，此海内之将乱也。故樊哙排闼而雪涕，袁盎当车而抗辞，京房发愤而殒身，窦武不顾而毙命，此皆陛下明知之矣。臣谨按《春秋》：晋狐射姑杀阳处父。书襄公杀之者，以其君漏言也。襄公不能固阴重之机，处父所以及残贼之祸，故《春秋》非之。夫上漏其情，则下不敢尽意；上泄其事，则下不敢尽言。故《传》有造膝诡辞之文，《易》有失身害成之戒。今公卿大臣，非不欲为陛下言之，虑陛下不能用也。忽而不用，必泄其言，臣下既言而不行，必婴其祸；适足钳直臣之口，而重奸臣之威。是以欲尽其言，则有失身之惧，欲尽其意，则有害成之忧。裴回郁塞，以须陛下感悟，然后尽其启沃。陛下何不听朝之余，时御便殿，召当世贤相老臣，访持变扶危之谋，求定倾救乱之术，塞阴邪之路，屏亵狎之臣，制侵陵迫胁之心，复门户扫除之役，戒其所宜戒，忧其所宜忧。既不得治其前，当治于后；不得正其始，当正其终。则可以虔奉典谟，克承丕构，终任贤之效，无宵旰之忧也。

臣前所谓"追踪三五，绍复祖宗，宜鉴前古之兴亡，明当时之成败"者，臣闻尧、禹之为君而天下大治者，以能任九官、四岳、十二牧，不失其举，不贰其业，不侵其职，居官唯其能，左右唯其贤，元凯在下虽微而必举，四凶在朝虽强而必诛，考其安危，明其取舍。至秦二世、汉元成，咸愿措国如唐、虞、致身如尧、舜，而终败亡者，以其不见安危之机，不知取舍之道，不任大臣，不辨奸人，不亲忠良，不远谗佞也。伏惟陛下察唐、虞之所以兴，而累行于前；鉴秦、汉之所以亡，而戒惧于后。陛下无谓庙堂无贤将，庶官无贤士，今纪纲未绝，典刑犹在，人谁不欲致身于王臣，致时为升平？陛下何忽而不用邪？又有居官非其能，左右非其贤，恶如四凶，诈如赵高，奸如恭、显，陛下何惮而不去邪？神器固有归，天命固有分，祖宗固有灵，忠臣固有心，陛下其念之哉！昔秦之亡也，失于强暴；汉之亡也，失于微弱。强暴则奸臣畏死而害上，微弱则强臣窃权而震主。臣伏见敬宗不虞亡秦之祸，不翦其萌。伏惟陛下深轸亡汉之忧，以杜其渐，则祖宗之洪业可绍，三五之遐轨可追矣。臣前所谓陛下"心有所未达，以下情塞而不能上通，行有所未孚，以上情壅而不得下泱”；且百姓有涂炭之苦，陛下无繇而知；陛下有子惠之心，百姓无繇而信。臣谨按《春秋》书“梁亡”不书“取”者，梁自亡也，以其思虑昏而耳目塞，上出恶政，人为寇盗，皆不知其所以，终自取其灭亡也。臣闻国君之所以尊者，重其社稷也；社稷之所以重者，存其百姓也。苟百姓不存，则虽社稷不得固其重；社稷不重，则人君不得保其尊。故治天下者，不可不知百姓之情。夫百姓者，陛下之赤子，陛下宜令慈仁者视育之，如保傅焉，如乳哺焉，如师之教导焉。故人之于上也，恭之如神明，爱之如父母。今或不然，陛下亲近贵幸，分曹建署，补除卒吏，召致宾客，因其货贿，假以声势；大者统藩方，小者为守牧，居上无清惠之政而有饕餮之害，居下无忠诚之节而有奸欺之罪。故人之于上也，畏之如豺狼。恶之如仇敌。今海内困穷，处处流散，饥者不得食，寒者不得衣，鳏寡孤独不得存，老幼疾病不得养，加以国权兵柄赑于左右，贪臣聚敛以固宠，奸吏因缘而弄法，冤痛之声，上达于九天，下入于九泉，鬼神为之怨怒，阴阳为之愆错。君门万重，不得告诉，士人无所归化，百姓无所归命，官乱人贫，盗贼并起，土崩之势，忧在旦夕。即不幸因之以病疠，继之以凶荒，陈胜、吴广不独起于秦，赤眉、黄巾不独生于汉，臣所以为陛下民愤扼腕，痛心泣血也。如此则百姓有涂炭之苦，陛下何繇而知之乎？陛下有子惠之心，百姓安得而信之乎？使陛下行有所未孚，心有所未达，固其然也。臣闻汉元帝即位之初，更制七十余事，其心甚诚，其称甚美。然纪纲日紊，国祚日衰，奸宄日强，黎元日困，繇不能择贤明而任之，失其操柄也。自陛下即位，忧勤兆庶，屡降德音，四海之内，莫不抗首而长息，自喜复生于死亡之中也。伏惟陛下慎终如始，以塞四方之望。诚能揭国柄以归于相，持兵柄以归于将，去贪臣聚敛之政，除奸吏因缘之害，惟忠贤是近，惟正直是用，内宠便嬖无所听焉。选清慎之官，择仁惠之长，敏之以利，煦之以和，教之以孝慈，导之以德义，去耳目之塞，通上下之情，俾万国欢康，兆庶苏息，即心无不达，而行无不孚矣。

臣前所谓“欲人之化也，在修己以先之”，臣闻德以修己，教以导人。修之也，则人不劝而自立；导之者，则人不教而率从。君子欲政之必行也，故以身先之；欲人之从化也，故以道御之。今陛下先之以身而政未必行，御之以道而人未从化，岂立教之旨未尽其方邪？夫立教之方，在乎君以明制之，臣以忠行之。君以知人为明，臣以正时为忠。知人在任贤而去邪，正时则固本而守法。贤不任则重赏不足以劝善，邪不去则严刑不足以禁非，本不固则人流，法不守则政散，而欲教之必至，化之必行，不可得也。陛下能斥奸邪而不私其左右，举贤正而不遗其疏远，则化浃朝廷矣。爱人而敦本，分职而奉法，修其身以及其人，始于中而成于外，则化行天下矣。

臣前所谓“欲气之和也，在遂其性以导之”者，当纳人于仁寿也。夫欲人之仁寿也，在立制度，修教化。夫制度立则财用省，财用省则赋敛轻，赋敛轻则人富矣；教化修则争竞息，争竞息则刑罚清，刑罚清则人安矣。既富矣，则仁义兴焉；既安矣，则寿考至焉。仁义之心感于下，和平之气应于上，故灾害不作，休祥存臻，四方底宁，万物咸遂矣。

臣前所谓“救灾旱在乎致精诚”者，臣谨按《春秋》：鲁僖公一年之中，三书“不雨”者，以其人君有恤人之志也；文公三年之中，一书“不雨”者，以其人君无闵人之心也。故僖致诚而旱不害物，文无恤闵而变则成灾。陛下有闵人之志，则无成灾之变矣。

臣前所谓：“广播殖在乎视食力”者，臣谨按《春秋》：君人者必时视民之所勤。人勤于力则功筑罕，人勤于财则贡赋少，人勤于时则百事废。今财食与力皆勤矣，愿陛下废百事之用，以广三时之务，则播殖不愆矣。

臣前所谓：“国廪罕蓄，本乎冗食尚繁”者，臣谨按《春秋》：

"臧孙辰告籴于齐"。《春秋》讥其无九年之蓄，一年不登而百姓饥。臣闻斥游惰之人以笃耕殖，省不急之费以赡黎元，则廪蓄不乏矣。

臣前所谓："吏道多端，本乎选用失当"者，繇国家取人不尽其材，任人不明其要故也。今陛下之用人也，求其声而不求其实，故人之趋进也，务其末而不务其本。臣愿核考课之实，定迁序之制，则多端之吏息矣。

臣前所谓："豪猾逾检，繇中外之法殊"者，以其官禁不一也。臣谨按《春秋》：齐桓公盟诸侯不日，而葵丘之盟特以日者，美其能宣明天子之禁，率奉王官之法，故《春秋》备而书之。然则官者，五帝、三王之所建也；法者，高祖、太宗之所制也。法宜画一，官宜正名。今又分外官、中官之员，立南司、北司之局，或犯禁于南则亡命于北，或正刑于外则破律于中，法出多门，人无所措，繇兵农势异，而中外法殊也。臣闻古者因井田以制军赋，间农事以修武备，提封约卒乘之数，命将在公卿之列，故兵农一致，而文武同方，以保殖邦家，式遏乱略。太宗置府兵台省军卫，文武参掌，闲岁则櫜弓力穑，有事则释耒荷戈，所以修复古制，不废旧物。今则不然，夏官不知兵籍，止于奉朝请；六军不主武事，止于养阶勋。军容合中官之政，戎律附内臣之职。首一戴武弁，疾文吏如仇雠；足一蹈军门，视农夫如草芥。谋不足以翦除奸凶，而诈足以抑扬威福；勇不足以镇卫社稷，而暴足以侵害闾里。羁绁藩臣，干陵宰辅，隳裂王度，汩乱朝经。张武夫之威，上以制君父；假天子之命，下以御英豪。有藏奸观衅之心，无伏节死难之谊。岂先王经文纬武之旨邪！臣愿陛下贯文武之道，均兵农之功，正贵贱之名，一中外之法，还军卫之职，修省府之官；近崇贞观之风，远复成周之制：自邦畿以刑下国，始天子而达诸侯，可以制猾奸之强，无逾检之患矣。

臣前所谓："生徒惰业，繇学校之官废"者，盖国家贵其禄，贱其能，先行事，后其行，故庶官乏通经之学，诸生无修业之心矣。

臣前所谓："列郡干禁，繇授任非人"者，臣以为刺史之任，治乱之根本系焉，朝廷之法制在焉，权可以御豪强，恩可以惠孤寡，强可以御奸寇，政可以移风俗。其将校曾更战阵及功臣子弟，请随宜酬赏。苟无治人之术者，不当任此官，即绝干禁之患矣。

臣前所谓："百工淫巧，繇制度不立"者，臣请以官位禄秩制其器用车服，禁以金银珠玉，锦绣雕镂。不蓄于私室，则无荡心之巧矣。

臣前所谓："辨枝叶"者，繇考言以询行也；臣前所谓："形于耻格"者，繇道德而齐礼也；臣前所谓："念生寡而食众。可罢斥惰游"者，已备于前矣。臣前所谓："念令烦而治鲜，要察其行否"者，臣闻号令者，治国之具也。君审而出之，臣奉而行之，或亏益止留，罪不在赦。今陛下令烦而治鲜，得非持之有所蔽欺乎？

臣前所谓："博延群彦，愿陛下必纳其言；造廷待问，则小臣安敢爱死"者，昔晁错为汉削诸侯，非不知祸之将至，忠臣之心，壮夫之节，苟利社稷，死无悔焉。臣非不知言发而祸应，计行而身僇，盖痛社稷之危，哀生人之悔，岂忍姑息时忌，窃陛下一命之宠哉？昔龙逄死而启商，比干死而启周，韩非死而启汉，陈蕃死而启魏。今臣之来也，有司或不教荐臣之言，陛下又无以察臣之心，退必戮于权臣之手，臣幸得从四子游于地下，固臣之愿也。所不知杀臣者，臣死之后，将孰为启之哉！

至如人主之阙，政教之疵，前日之弊，臣既言之矣。若乃流下土之惠、修近古之治而致和平者，在陛下行之而已。然上之所陈者，实以臣亲承圣问，敢不条对。虽臣之愚，以为未极教化之大端、皇王之要道。伏惟陛下事天地以教人恭，奉宗庙以教人孝，养高年以教人悌长，字百姓以教人慈幼，调元气以煦育，扇大和以仁寿，可以逍遥无为，垂拱成化。至若念陶钧之道，在择宰相以任之，使权造化之柄；念保定之功，在择将帅以任之，使修阃外之寄；念百度之求正，在择庶官而任之，使颛职业之守；念百姓之怨痛，在择良吏以任之，使明惠养之术。自然言足以天下教，动足以为天下法，仁足以劝善，义足以禁非，又何必宵衣旰食，劳神惕虑，然后致治哉！

作者简介：

刘蕡（？—838）字去华，昌平（今北京昌平县）人。唐敬宗宝应二年（826）进士。文宗大和二年（828）举贤良方正，对策痛论宦官专权，危害国家，劝皇帝诛灭奸宦，改革朝政。考官赞赏他的文章，却因惧怕宦官，不敢录取。令狐楚在兴元，牛僧儒在襄阳，都召用他为从事。后得授秘书郎。因宦官诬陷，被贬为柳州司户参军。

张九成对策欣赏

宋代绍兴二年（1132）壬子科

殿试策问：

问：朕承中否之运，获奉大统，六年于兹。顾九庙未还，两宫犹远，夙兴夕惕，靡敢荒宁，悯国步之久艰，悼已事之失策，虚心求治，不惮改图，故详延子大夫于廷，咨以当世之务，冀闻长计以兴大业。将核其言，以收其用。非直徇故事，设科举塞人情而已！

盖古先辟王，继中微之世，承思治之民，芟夷大患，事半功倍。少康一旅而复有夏，宣王兴衰以隆成周，光武三年而兴汉祚，肃宗再岁而复两京，皆蒙前人之绪，拨乱反正，若此其易也！今赖四方黎献，翊戴眇躬，列圣之泽未远也。朕焦心劳思，不敢爱身以勤民。然屈己以和戎，而强敌内侵；招诱以弭盗，而盗贼犹炽。以食为急，漕运不济而廪乏羡余；以兵为重，选练未精而军多冗籍。吏员猥并，而失职之士尚众；田莱多荒，而复业之农尚寡。严赃吏之诛，而不能革贪污之俗；优军功之赏，而无以消冒滥之风。方今欲外攘，则不足以靖民，取于民有制。则不足以给车徒之众。为人父而自権其子，则又何以保民而王哉！

朕弗明治道，仍暗事几，凡此数者，常交战于胸中，徒寝而弗寐，当食而叹也。子大夫与国同患难久矣，宜考前世中兴之主，施为次序有切于今者；祖宗传绪累世，其法有可兴而行者；平时种学待问，奇谋硕画，本于自得，可以持危扶颠者。其悉意以陈，朕将亲览焉。

张九成对曰：

臣对：臣闻祸乱之作，将以开圣人也。商道不衰，何以见高宗，四夷不判，何以见宣王。汉无昌邑之变，则无以启宣帝，唐无宫闱之变，则无以启明皇。是以知君天下者，遇祸逢乱，当以刚大为心，无遽以惊忧自沮。灼知此理，然后可以知天意之所在矣

臣尝历考前古，兴衰拨乱之君，以为莫善于宪宗，莫不善于文宗。何以言之？宪宗当唐室陵夷之际，藩镇跋扈，主权下移，乃能左顾右盼，慨然起恢复之心。不幸廷臣异议，刺客在朝，京师皇皇，朝不谋夕，惟宪宗当宁发愤，屏声却欲，讨贼之心愈厉。明年平夏，又明年平蜀，又明年平淮、蔡。元和之功，卓然为天下冠，此以刚大为心者也。文宗当昭、愍之后，阉寺执柄，主威不宣，虽能高举远蹈，毅然有扫除之心。不幸委任失当，害及非辜，甘露之祸，言之使人酸楚。岂非文宗遽以泣下沾襟，魂飞气索，自比周赧，又自比汉献，又自谓无与尧舜，又自纵酒以伤其生，悲辛愁苦，不复以朝廷为意，以此惊忧自沮者也！故臣闻尝断之曰：若宪宗，可谓知天意之所在，若文宗者，又何足与论天意哉！盖祸乱之作，正圣人奋励之时也，何至以惊忧自沮乎?!

今陛下痛九庙未还，两宫犹远，又悯国步之久艰，悼已事之失策，然深察祸乱之故，是乃皇天所以启自圣也。伏惟陛下谨之重

之，以刚大为心，无遽以惊忧自沮，庶几与商高宗、周宣王、汉宣帝等，相揖于千载之上，合皇天所以畀付之意，不胜臣子至愿。然以刚大为心者，要当夙兴夜寐，恶衣菲食，屏远便佞，登崇贤良，好切直之言，戒声色之惑，先定规模，以定大事。臣观古之圣人，将大有施为于天下者，必选默定规模，而后从事。其应也有候，其成也有形，非若顺风扬帆，一求快意，而无所归赴也。商君之法，非良法也，然而规模先定，故能兵雄天下，臣服诸侯。苏秦之术，非善术也，然而规模先定，故能合六姓之异，却强秦之兵。淮阴对高帝，以北兴燕赵，东击齐，南绝楚之粮道，而西会于荥阳，无一不如其言者，规模先定故也。耿弇对光武，以定渔阳，取涿郡，还收富平，而东下齐，无一不如其言者，规模先定故也。

伏仰陛下欲迎九庙，归两宫，安国步而康庶事，式扩规模，固已定于圣心，而又元枢捷报，歼厥渠魁，自前世之君观之，固有满假而自大，以速天下之谤者矣。独不然，乃抝谦不居，躬御便殿，亲颁德音，以前世中兴之君为问。至于攘夷狄，弭盗贼，足食练兵，澄冗官，复农业，革贪污而消冒滥，宽民力而给车徒，前世中兴之施为，祖宗传诸之法度，下洵于承学之士曰："本于自得，可以扶危扶颠者。"此有以知陛下用心之勤也。臣虽知识浅陋，然而仰见规模宏阔深大，辄整冠肃容，再拜稽首曰：猗欤盛哉！有君如此，天下何忧乎！宗庙社稷何忧乎！二圣六宫，暂当淹恤，亦何忧乎！臣学术至空虚也，然忠愤所激，敢不敷陈管见，上裨日月之光，臣谨昧死上愚对。

臣伏读圣策曰："古先辟王，继中微之世，承思治之民，芟夷大患，事半而功倍。少康一旅而复有夏，宣王兴衰以隆成周，光武三年而兴汉祚，肃宗再岁而复两京，皆蒙前人之绪，拨乱反正，若此其易也！"臣有以见陛下规模远大，知所以为中兴之本也。臣闻禹有治水之德，民心怀之，故其有天下也十有七世，历年四百六十有二，少康一旅而复有夏者，祖宗之德在人也。稷有播种之德，民心怀之，故其有天下也三十七世，历年八百有余，宣王兴衰以隆成周者，祖宗之德在人也。汉高祖有宽仁之德在人，故其有天下也二十一世，而历年至于四百，然则光武三年而兴汉祚者，岂非蒙高祖之德哉！唐太宗有仁义之德在人，故有其天下也二十四世，而历年仅及三百，然则肃宗再岁而复两京者，岂非蒙太宗之德哉！皇宋一祖六宗，英灵在天，功德在民，中兴之运，正归今日，倘能扩能规模，济以隆谨，果何往而不可乎！

伏读圣策曰："今赖四方黎献，翊戴眇躬，列圣之泽未远也，朕焦心劳思，不敢爱身以勤民，然屈己以和戎，而强敌内侵。"臣有以见陛下规模远大，知祖宗之德，士民之归，将乘此时，为两宫中国雪积年之耻也。臣观金人有易弱之势三：夫好战者劳，失其故俗者敝，人心不服者离，而今人皆与有焉，臣请为陛下历陈之。始皇并吞六国，可以止矣。恣心快意，复征南越，曾不知骊山之役未成，而二世子婴已被害而就擒矣，此以好战而伤也。隋文帝远平江东，可以止矣。炀帝嗣位，亲驾征辽，曾不知锦帆未过隋渠，而大盗已据其都矣，此亦好战而伤也。金人负其勇锐，自靖康兴兵，越如今三十余载矣，适国家当此否运，乃敢因势乘便，犯我民人，侵我疆土，夺我两河，又捣我都城，又要我二圣，又入我淮右，践我江浙，转战经年，恃其士马之盛，而不知民力固已殚矣。无平不陂，无往不复，此臣所以言：好战必伤也。西晋之乱，兵燹侵陵，纷纭于中国，而其豪杰间起为之君长，如刘元海、苻坚、石勒、慕容儁之俦，皆以艳异之资，驱驾一时之贤俊，其强者至有天下大半，宜有以自立，然不过一传再传而已。何也？君臣相戾，上下不安，虽建都邑，立城社，其心岌岌然，常若寄寓于其间，其何恃乎！金人既灭契丹，复陵中国。中国声名文物，洵非遐陬所及，然承平日久，士人或溺词章，小人共安畎亩，怯战斗而恋身家，使金人乐而效之，其亦易弱也，此臣所以言：失其故俗必衰也。

始皇灭韩，张良奋椎击其车，朱泚僭号，段秀实提笏击其额。以今日我士庶，蒿目时艰，固亦有豪杰慷慨之士，欲图之久矣。而又凌辱及于公卿，鞭扑行于殿陛，贵为将相，而不免有臣仆之耻，将见有愤惋郁结，而思变者矣。此臣所以言：人心不服必亡也。区区一刘豫，欲收中国之心，鸣呼愚哉！中国之心，岂易收乎！彼刘豫者，何为者耶？素无勋德，殊乏声称，黠雏经营，有同儿戏，何足虑哉！

然金人虽有易衰之势，而我有必兴之理，不可不讲也。臣观古人所以谋人之国，必有一定之计。越王之取吴，是骄之而已；秦之取六国，是散其从而已；高祖之取项籍，是离间其君臣而已。今越之计、秦之计、高祖之计、宜次第而用之。当先用越王之法骄之，使其侈心肆意，无复忌惮，天其灭之，将见权臣争强，篡夺之祸起矣。臣请备论越王所以取吴之术，惟陛下听之。范蠡曰："卑辞厚礼以骄之。"越王则自称曰"草鄙之人。"自称其国曰："贡献之邑"；范蠡曰："玩好女乐以骄之，"越王则先之以皮币，随之以管籥，使大夫女女于大夫，士女女于士。其称吴为天下者，范蠡使尊之以名也；其请亲为前驱者，范蠡使以身为市也。今日之金人，当损益其法可也。

鸣呼！越王含辛茹苦，志在报吴，非笃志之君，其孰能之？以民之不蕃，而兵之不给也，乃下令于国中曰："壮者无娶老妇，老者无娶壮妻。女子十七不嫁，丈夫二十不娶，则罪其父母。生男子也，赐束脩一犬；生女子者，赐束脩一豚。生三人，公与之母，生二人，公与之饩支子，死当室者死，则哭泣之，葬埋之，如其子也。载脂与粱，以食孺子，身耕妻织，以裕国人，国人荷其恩，感其德，愤其土地之狭，而悯其会稽之耻也。于是父兄请战，不许。父兄则又请战，而致其辞曰："越四封之内，其视君也，犹父母也。子而思报父母之仇，臣而思报君之仇，其敢不尽力乎"。及其将行，父勉其子，兄勉其弟，妇勉其夫，曰："孰谓是行也，而可无死乎?”陛下欲报金人，当先结吾民之心可也。

越王之在国也，觞酒豆肉以分左右，饮酒不尽味，听乐不尽声，求以报吴，今陛下有是乎？病者问，死者葬，老其老，长其幼，慈其孤，求以报吴，今陛下有是乎？富者安之，贫者与之，救其不足，裁其有余，求以报吴，今陛下有是乎？南事楚，西事晋，北事齐，春秋皮币玉帛子女以宾服焉，未尝敢绝，求以报吴，今陛下有是乎？如其有也，天下幸甚，若犹未也，伏愿陛下勉之。

越王归国四年，愤祖宗之仇，思欲一战以快心，范蠡曰：“未可也。”五年而吴王信谗喜优，憎辅远弼，又欲乘其间以伐吴，范蠡曰：“姑待之。”七年吴王杀申胥，又欲乘其间以伐吴，范蠡曰：“姑待之”。七年而吴稻蚕不遗种，又欲乘其间以伐吴，范蠡曰：“姑待之”。今之金人虽有易衰之势三，然而信谗乎？喜优乎？憎辅而远弼乎？曾杀贤如申胥乎？曾有天灾，如稻蚕不遗种者乎？必也俟其天时去，人事失，然后可以图之。越王归国二十年，乃得举兵以遂其志。其举兵也，必智以度天下之众寡，仁以共三军之饥劳，勇以断疑而决大事，又舌庸使之审赏，苦成使之审罚，大夫种使之审物，大夫蠡使之审备，大夫皋使之审声。其将行也，则背屏而立，委夫人以内政；背檐而立，委大夫以国政。其至军也，则斩通行贿者。又明日徙舍，则斩不从令者。又明日徇军，则归有昏眊之疾者。又明日徇军，则归筋力不足以胜甲兵，志行不足以听命令者。虽列国之君，不足以为今务，然其禁密如此，亦可喜也，故能一战而败吴于囿，再战而败吴于泓，夷其城，犁其庭，墟其庙，以雪积年之耻。陛下欲报金人，愿观其用心，而以越王之法用之，不亦可乎！

伏读圣策曰：“招诱以弭盗，而盗贼犹炽。”臣有见陛下规模远大，欲先靖中国也。臣闻唐太宗之说曰：“民之所以为盗者，由赋繁役重，官吏贪求，饥寒切身，故不暇顾廉耻尔。当去奢从俭，轻徭省赋，使民衣食有余，则自不为盗。”韩愈之说曰：“刺史不得其官，观察不得其职，财已竭而敛不休，人已穷而赋愈急，其不去而为盗也，亦幸矣。”此皆论良民为赋敛所困，故不得已而为盗尔。今日之事，则又甚于此。其横行于州郡，啸聚于山林者，类皆军兵尔。此曹在太平时，贴首妥尾，惟上之令，不幸中国多故，朝廷权轻，何尔动辄怨怒耶！而一夫倡乱，百夫从之，百夫倡乱，千万人从之。然使吾无间而可入，则朱滔不能起卢龙之卒，而李怀光不能强邠宁之兵。今其所以一呼响应者，其心不服也！其心所以不服者，无乃吾恭俭未至乎？用从未当乎？赏无功而罚无罪乎？昔唐德宗放象豹，出宫人，以恭俭服天下；罢常衮，用崔祐甫，以用人报天下；赏淄青将士，以折其奸媒，杖邵光超，以惩其贪冒，又以赏罚服天下。时李正己持兵十五万，雄视山东，其将士闻德宗所为如此，皆投兵相顾曰：“明天子出矣，吾辈犹反乎！”不特此也，吐蕃恃其强大，以凌辱中国，非一日积也，德宗即位，使者归告其国主曰：“新天子出宫人，放禽兽，威德英武，洽于中国。”吐蕃大悦，遣使入贡。夫德宗恭俭委任，信赏必罚，行于户庭之间，而强蕃悍卒，自格于千里之外，使其恪守此心，终始不变，则贞观之风，亦不难到，奈何其自败坏也。臣愿陛下笃恭俭，谨用人，明赏罚，以收天下之心。若曰：我有甲兵，可以诛其不服；我有招降，可以俟其改过。诚恐去一大盗，其事卒未已也。诚能用臣之说，非特悍卒格心，而蕃戎亦且悔过也。故臣以太宗、韩愈、德宗之事为献。

伏读圣策曰：“以食为急，漕运不继，而廪乏羡余，以兵为重，选练未精，而军多冗籍。”此有以见陛下规模远大，知兵食之不可不虑也。臣以谓漕运不继，宜选财赋之官，选练未精，宜责将帅之职。唐代宗以国用虚乏，馈饷纷纷，独得一刘晏，斡山海，排商贾，制万物低昂，操天下赢赀，而军用以给，以财富得其人也。臣愚欲于常赋之外，创置一司，名曰“军兴”，凡辟市榷酤，载在有司者，不与其数，独变通有无，权制轻重，使利归公上，敛不及民。

出入钱谷，勾检簿书，则付之士类，书符檄，觇低昂，则付之皂吏。明敏精悍如刘晏辈，实司其职，夫何忧漕运之不继乎！马燧之在河东也，驭马厮役，教以骑射，制甲有长短之等，造车有行止之宜，比及二年，得精兵二万，以将帅得其人也。臣愚欲于冗兵之数，创置一军，名曰“精锐”，凡攻卫战斗，功在有司者，不与此选，独招降之兵，擒获之兵，俾弓矢戈矛，随器而使，有能者则书之尺籍，其无能者则驱之屯田，择强力勇毅如马燧辈，实司其职，夫何忧选练之未精也！

伏读圣策曰：“吏员猥并，而失职之士尚众，田莱多荒，而复业之农尚寡。”此有以见陛下规模远大，知吏农之不可不虑也。臣以谓吏员猥并，宜行辟举之法，田莱多荒，宜行屯田之法。昔沈既济欲宰臣叙群司，州郡辟僚佐，其意欲无失职之土地。臣愚欲使宰臣精选太守、部使者之职，若群僚，则太守辟举，若监当、若巡尉，则使者辟举，举而不当，重者褫其职，轻者罚其金，吏部台谏得以纠正之。每辟一员，则具二人以待之，补者既上，则又辟一人以待之，前后相承，虽怠者亦励。夫国家所以设官分职，将惟贤才之求，非为尔衣食之资也，志在衣食，胡不为工乎，为商乎，为农而力田亩乎！胡为在缙绅之列也。夫责之以士人，则朝廷待之亦不可轻。凡太守、监司之赴官也，若内若外，皆陛辞而后行。监司为一辈，郡太守为一辈，当行之日，陛下亲御正殿，借辞色告监司，则曰：“一路官吏，实汝之托。”告郡守，则曰：“一郡官吏，实汝之托，汝当夙夜以思，宣我所以爱民之意。予有大赉，报汝功，亦有大罚，惩不恪。”庶几贤才并用，则失职非所患也。

昔邓艾欲行陈颖以东，屯田两淮，得谷五方斛，其意欲得复业之农也。臣愚不敢远引，且以镇江一路论之。屯兵江口，无虑数万人，就以二万人论之，人必有家，家止五人，人日二升，日计二千斛，月计六万斛，则岁百万斛矣。顾此馈运，非由天降，非从地出，皆当取之于民。三吴之间，旱暵仍岁，长淮以北，草莽连云，去岁到今，米斗千余，今此下民，谁救其迫？而又追需急于星火，箠械酷于秋霜，开元屯田之法，振武屯田之法，不知其可用乎？勋官八品以上，前资七品以上，此建官之法也；土柔则五十亩而一牛，土刚则二十亩而一牛，此耕耨之法也。如是之法，出于开元。募人为十五屯，屯置一百五十人，令各就高为堡，东起振武，转而极西，过云州界中，出入河山之险，八百余里，寇来不能为害，人得肆耕其中。如是之法，出于振武。臣愿自淮以北，开置屯田，参开元、振武之法，非特足以招复业之农，而军储所资，亦足以宽其忧矣。

伏读圣策曰："严赃吏之诛，而未能革贪污之俗，优军功之赏，而无以消冒滥之风。"此有以见陛下规模远大，欲清流欲而惩侥幸也。昔毛玠为尚书，而士大夫不敢鲜衣美食；杨绾为宰相，而豪贵功臣为之撤乐毁第，减驺御。赃吏贪污，流风远矣。臣愿陛下去声远色，躬俭节用，以励朝廷；朝廷宰相，却苞苴，断货贿，以励猾胥，而惩狡吏，又何患贪污之弗革乎！昔元载、王缙秉政，四方以贿求官者，相踵于门，大者出于载缙，小者出于卓英倩，皆如所欲而去。代宗欲得士大夫之不阿附者为己用，乃擢李栖筠为御史大夫，事出主意，宰相不知，缙等由是稍绌。臣今欲用此策以消冒滥，可乎！凡大将以功来上，陛下亲据其中一二人，晏见而劳问之，果有功者，优加拔擢，其或言语不伦，事涉诞罔者，痛加惩斥，又何患冒滥之弗消乎！

伏读圣策曰："方今欲外攘，则不足以靖民；取于民有制，则不足以给车徒之众。为人父而榷其子，则又何以保民而王哉？"此有以见陛下规模远大，恤民如是之深也。臣伏读圣问至此，不觉涕泗交颐，仰知陛下仁心如天地之大，而天下弗知也。臣观滨江郡县，为守为令者，类无远图。阳美、惠山之民，何其被酷之深也！率敛之名，种类闳大，秋苗之外，又有苗头；苗头未已，又行折八；折八未已，又曰大姓；大姓竭矣，又曰湮实；湮实虚矣，又曰均敷；均敷之外，名字未易数也。流离奔窜，益以无聊。前日桑麻沃润，鸡犬相闻，今为狐狸之居，虎豹之宅，苍烟白露，弥望满野。彼所谓守令，独抵几而言曰："与其委之于盗贼，孰若输之于国家。"呜呼！安得此委巷之语乎？堂堂国家，而下比于盗贼，不忠之罪，莫大于此矣！夫节财即生财之道也。今藩方大使，各置使臣，收召亲戚，竭民膏血以市私恩，或曰"准备"或曰"干办"者，不知其几人也，色目纷纷，难以数举，凡医巫卜祝之流，皆在其选。又诸县添置武尉，尤为无用！见敌则走，小胜则杀贫民以邀功，居山则卖私茗，滨海则鬻私醝，未及交付，则已捕之为己功矣。不知平时剥肤椎髓，敛怨招谤，以廪此曹，果何谓哉！臣愿陛下明降诏书，戒饬藩方，罢去武尉，以苏凋瘵，此亦保民之道也。

伏读圣策曰："朕弗明治道，仍暗事几，凡此数者，交战于胸中，徒寝而弗寐，当食而叹。子大夫与国同患难久矣，宜考前世中兴之主，其施为次序有切于今者；祖宗传绪累世，其法有可举而行者；平时种学待问，奇谋硕画，本于自得，可以持危扶颠者，其悉意以陈，朕将亲览。"臣有以见陛下规模远大，谦冲退托，将以追配前王，绍述祖宗，旁搜远取，以尽愚夫之虑也。臣窃谓中兴之主，大抵以刚德为上，是故震伐鬼方者，高宗之刚；有严有翼者，宣王之刚；信赏必罚者，宣帝之刚；赳赳雄断者，光武之刚也。陛下之欲中兴，当以刚德为主，去谗节欲，远佞防奸，此中兴之本也。祖宗传绪之意，大抵以俭德为主。恭闻仁宗服浣衣，寝絁被，力行恭俭，不忍心费一毫以务民力，至今父老言我仁祖，必泣下沾襟。盖俭必仁，仁必能感天下。陛下欲绍祖宗，当以俭德为主，珍奇弗御，玩好弗求，此祖宗之意也。夫攘夷狄，弭寇盗，足食练兵，澄冗官，复农业，革贪污而消冒滥，宽民力而给车徒者，臣以一言而该之，不过曰“刚”与“俭”而已。然刚俭之德，圣心自明，天下犹未信者，何也？臣窃有说焉。

臣尝读《左氏传》，见吕甥论君子小人情状，于秦穆公何其切至也。其曰：“小人戚谓之不免，君子恕以为必归。”又曰：“小人曰‘秦岂归君’，君子曰：‘秦必归君。’”又曰：“小人曰‘必报仇’，君子曰‘必报德’。”夫士人所见高远，故其言多恕，小人所见浅狭，故其语易深。善夫孟子有曰：“百姓皆以王为爱也，臣固知王之不忍也。”夫百姓以齐王为爱牛，以小人之见，每如此也。然小人满天下，而所谓士人者几何？虽家置一喙，言提其耳，不能胜众多之口也。则人主于食息謦咳之间，其可以弗谨乎？

夫文王一饭，武王亦一饭，文王再饭，武王亦再饭，是武王以身试文王之安否也。盖一饭则我力微矣，今吾亲一饭而已，力不其微乎！此其所以可忧也。再饭则我力强矣，今吾亲至于再饭，今吾亲至于再饭，无乃寿考之期乎，此所以可喜也。夫武王之于文王如此。若陛下之心，臣得而知之。方当春阳昼敷，行宫别殿，花柳纷纷，想陛下念两宫之在北边，尘沙漠漠，不得共此融和也。其何安乎！盛夏之际，风窗水院，凉气凄清，窃想陛下念两宫之在边，蛮毡拥蔽，不得共此疏畅也，亦何安乎！澄江泻练，夜桂飘香，陛下享此乐时，必曰：“西风凄劲，两宫得无忧乎？”狐裘温暖，兽炭春红，陛下享此乐时，必曰：“朔雪袤丈，两宫得无寒乎？”至于陈水陆，饱奇珍，必投筋而起曰：“雁粉腥羊，两宫所不便也，”食其能下咽乎？居广厦，处深宫，必抚几而叹曰：“穹庐区脱，两宫必难处也，”居其能安席乎？今闾巷之人，皆知有父兄妻子之乐，陛下虽贵为天子，富有四海，以金人之故，使陛下冬不得温，夏不得清（两滴水），昏无所于定，晨无所于省，问寝之私，何时可遂乎？在原之急，何时可救乎？日往月来，何时可归乎？每岁时遇物，想惟圣心雷厉，天泪雨流，抚剑长吁，思欲扫清蛮帐，以还二圣之车。此臣心之所以知陛下者如此。若小民之心则不然。以谓搜揽珍禽，驱驰骏马，道路之言，有若上诬圣德者，此臣所以食不甘味，寝不安席，不量微贱，思为陛下雪之也。深察其言，盖亦有自焉。

唐阉人仇仁良致仕，其党送归其第，教以固宠之术曰："天子不可令闲，尝当以奢糜娱其耳目，使日新月盛，无暇及他事。"又曰："谨勿使之读书，亲近儒生，彼见前代兴亡，知忧惧，则吾辈疏斥矣。"其党拜谢而去。此术既行，卒使天子昏惑购房于上，大臣雍蔽于下，兵柄在手，官爵在手，废立在手，至自称曰"定策国老"，而称昭宗曰"门生天子"，呜呼！不臣之态，臣岂忍陈于君父之前。彼私求禽马，动以陛下为名，此臣之所以耻也，又何怪乎小民。陛下欲尊临宸极，泽及寰区，何不反其术而用之，勿为其所陷也。且阉寺闻名，国之不祥也，是以尧舜阉寺，不闻于《典谟》，三王阉寺，不闻于《誓诰》。竖刁闻于齐，而齐乱，伊戾闻于宋，而宋危。今此曹名字，稍稍有闻，此臣所以忧也。

窃惟万乘之尊，深居邃宇，万机之暇，何以为情？贤士大夫，晏见有时矣，宦官子女，安居前后矣。有时者易疏，前后者难间，圣情荏苒，不知其非。不若使之安扫除之役，复门户之司，凡交结往来者有禁，敢与政事者必诛。陛下日御便殿，亲近儒者，讲诗书之指归，论古今之成败，追求典故，历访民情，不在于分文析字，絺章绘句，为书生之学，以取天下之名也。呜呼！隋炀帝、陈后主岂曰不文，适足以亡国而已，果何补于人主之学欤？臣愿陛下之为学也，见前世道德之主，英明之王，则瞻之仰之，退而自省曰："吾其以此为法乎"！见前民暴虐之主，则震焉沮焉，退而自省曰："吾其以此为戒乎！"读贤臣传，默观百僚中有类是者，任之勿疑，读佞臣传，默观左右有类是者，诛之无赦，久之不倦，将闻阉寺之言，见便佞之态，如狐狸夜号，而鸱枭昼舞也，则陛下之圣德进矣。

昔唐宪宗卓卓为中兴之主，其必有以也，及观其与宰相论道于延英殿，日旰暑甚，汗透御服，宰相请退，宪宗留之曰：“朕入禁中，所与游者，独宫人宦官尔，故乐与卿等共谈。”为理之要，此其所以兴乎！臣闻鸣鹤在阴，其子和之，陛下勿谓深宫密殿，万事无迹也。然善恶未究，四海已知。历观前史所载，宫闱之谋，床笫之语，想见时君以谓宫中不得而知也，而况外庭乎？外庭不得而知也，而况天下乎？然而皎如日星，不可淹没，卒为天下后世之所嗤笑。呜呼！其亦可畏也哉！故古人有言曰：“莫见乎隐，莫显乎微，故君子谨其独也。”谨独之学，其用甚大，陛下不可不知也。古之圣人所以端拱岩廊，而四方万里，日趋于治，天地清明，日星循轨，百谷用成，蛮夷率服，用此道也。心一不善，足以伤天地之和，心欲悔过，固已同天地之德。古之圣人所以趋众善之门，而得改过之要者，不过听谏一路而已。此臣所学于师，盖以为持颠扶危之术也。舜圣人也，而益戒之以罔游于逸，罔淫于乐，武王亦圣人也，而召公戒之以不矜细行，终累大德。以至禹有善言之拜，汤有改过之称。汉高祖何人也，止能听谏，故能成四百载之大业；唐太宗亦何人也，止能听谏，故能成三百载之洪基。至于商纣杀谏臣，其祚终归于周室，成帝杀谏臣，其祚终移于王氏，明皇杀谏臣，其祚终微于禄山。杀一谏臣，真若无与于治乱也？然乱臣贼子，苛政虐刑，一切不得闻也，不亡何恃乎！故臣愿陛下先以谨独为心，后以听谏为意，奖借言路，以旌直士之风，以至远阉寺，亲儒臣，以成就规模之大，此臣所望于陛下也。

草茅贱士，充赋在庭者，志在一第尔，独臣不揆愚贱，妄议国体，负罪于不可赦，可谓愚矣。然臣闻天下之事，宰相能行之，谏官能言之，职不在此，虽抱奇策，，拥雄才，无路可进，卒于老死而已。伏惟国家策士之制，上自公卿之子弟，下至山林之匹夫，皆得自竭以罄其所怀。非天子黜陟赏罚之吏，而得议百官之长短；非天子钱谷大家之吏，而得推财赋之多少；非天子帷幄将帅之臣，而得论兵革之强弱。则夫宰相、谏官之事，一旦得以详说而悉数之，而臣何敢无说以处于此。又况晏子一言，而使齐侯省刑，田千秋一言，而使武帝念太子，柳伉一言而使代宗黜程元振，谁谓皇皇大宋，无其人乎？《皋陶谟》曰：“天叙有典。”是父子之间，君臣之际，无非天理也。臣处闺门之内，勉明教道久矣，今自山林中来，望见陛下，突兀孤忠，卓然发于悃愊，不可遏也，此盖天理自然，无足怪者。臣或志在爵禄，不为陛下一言，臣谁欺，欺天乎！故臣虽进一言，退受鈇钺之诛，于司败，不忍欺天，以昧此心也！惟陛下幸赦其愚。臣谨对。

作者简介：

张九成（1092——1159）字子韶，号横浦居士，杭州钱塘（今浙江杭州）人。宋高宗绍兴二年（1132）壬子科进士第一人。张九成研究经学多有训解，由于早年喜欢与学佛者交流，其论著之中多夹杂以佛学，被称为“横浦学派”。著有《孟子传》《横浦集》等。

谢迁对策欣赏

明成化十一年（1475）乙未科

殿试策问：

皇帝制曰：

朕惟人君，奉天子民，治道所当先者，养与教也。养民莫重于制田里、广树蓄，教民莫大于崇学校、明礼义。今兹二者，行之既久，而实未效臻于极，何欤？岂任用未尽得人，而督劝作兴之道有未至欤？

唐虞三代，田分井牧之授，学谨庠序之训，当时民有恒产，士有恒心，所以养之教之者备矣。其良法美意，皆后世所当讲者，可历举而言欤？

若汉唐宋愿治之君，未尝不留意于斯，而治效之成，卒不逮古，岂分田制产、兴学崇儒之意，视帝王为有间欤？

朕承祖宗大统，抚临亿兆，于兹有年，夙夜兢惕，弗遑宁处，期于家给人足，教行刑措，礼乐兴而风俗美，跻斯世于雍熙泰和之盛，果何道以致之欤？

子诸生积学待用，必有至当之说，明著于篇，朕将亲览焉。

谢迁对曰：

臣对：臣闻为治之道，固贵乎有仁民之政，尤贵乎有仁民之心。盖仁心存于中，而后仁政达于外。使有其心而无其政，是谓徒善，徒善不足以为政，有其政而无其心，是谓徒法，徒法不能以自行。先儒程子曰："为政须要有纲纪文章。"又曰："必有关雎麟趾之意，然后可以行周官之法度。"此之谓也。仁政本之仁心，则内外兼举，本末不遗，而为治之道得矣。尚何虑教养未备，任用非人，而治效未臻其极耶？唐虞三代所以治隆俗美者，此心此政也。汉唐宋所以治不古若者，岂非徒有其政而无其心欤？

钦惟皇帝陛下，以神圣文武之资，绍祖宗列圣之统，恭己守成，虚心图治，虽深居九重之中，而念周四表之外。虑民生之或未厚，必欲皆安于饱食暖衣之天；虑民德之或未淳，必欲皆归于渐仁摩义之域。是以临御之初，他务未遑，首耕藉田，以示重农而务本；继幸太学，以示尊道而崇儒。丕绪恢张，仁闻四达，所谓宠绥四方而克相上帝者，亦已至矣。兹犹以实效未臻其极，而虑任用未尽得人，乃进臣等于廷，俯赐清问，讲求至理，必欲追复唐虞三代之盛，此不自满假，稽于有众之盛心也。夫内不知满而外稽于众，则何所为而不至其极哉！陛下真大有为之君，可以为尧舜，可以为禹汤文武，可以唐虞三代斯世也。斯世斯民，何其幸欤！臣虽庸陋，敢不效一得之愚，以对扬明命之万一乎？

窃惟天降下民，作之君，作之师。君所以治之，师所以教之。《书》曰："民非后，罔克胥匡以生。"又曰："克绥厥猷惟后。"信乎！人君奉天子民，其为治之道，莫大乎养与教也。教养未尽，不足以言治，故孔子之告冉有，必曰富之教之；孟子之论王道，教养之外亦无余说，诚以仁政不外乎此耳。然养莫重于制田里而广树蓄，田里不均，树蓄不广，欲民生之遂，得乎？教莫先于崇学校而明礼义，学校不修，礼义不明，欲民性之复，得乎？夫是二者，固必由任用得其人，而后实效臻其极。然循其本而论之，惟在人君之心耳。孟子曰："先王有不忍人之心，斯有不忍人之政矣。以不忍人之心，行不忍人之政，治天下可运之掌。"人君苟无是心，而徒区区于法制品节之末，则所施非其政，所任非其人，虽欲言治，皆苟而已。臣请征诸古为陛下陈之。

唐虞之时，水土未平，烝民未粒。圣人忧之。使弃为后稷而播时百谷。百谷熟而民人育矣，饱暖无教，近于禽兽。圣人又忧之，于是使契为司徒而敬敷五教。五教敬而百姓亲矣。三代之时，其养民也，夏后氏五十而贡，殷人七十而助，周人百亩而彻。其教民也，夏之学曰校，殷之学曰序，周之学曰庠。自其制度而极备者而言之，田野之授，井牧异其制；学校之设，大小异其教。如衍沃之地，百亩为夫，而九夫为一井，隰皋之地，九夫为牧，而二牧当一井。井牧之制所以养民者，其备如此。八岁入小学，而教以洒扫、应对、进退之节，礼、乐、射、御、书、数之文。十五入大学，而教以穷理正心之术，修己治人之道。学校之制，所以教民者，其备如此。当是时也，出而使长，入而使治，皆刚简直宽之德，俊造秀乂之士，是以民有恒产而无啼饥号寒者矣，士有恒性而无放僻邪侈者矣。然则其政立于上，而效成于下，又孰谓不本于得人，又孰谓不本于君心之仁乎？质之经，订其传而观之，则尧之兢兢，舜之业业，固一忧民之心也。禹之孜孜，汤之栗栗，亦一忧民之心也。至于文王之纯一不已，武王之永言配命，又何尝一念不在于民乎？此其良法美意，固卓乎不可尚已。

古道既远，圣王不作，阡陌之端开，而井田之制废，养民已无政矣；坑焚之祸作，而诗书之习泯，教民已无政矣，又安有所谓仁民之心乎？后世愿治之君，若汉之文帝，唐之太宗，宋之太祖，亦尝留意于教养。或躬耕藉田而减租以劝农，或口分世业而节费以裕民，或遣官废田而课民以种植。养民之政有矣，然不过法制之虚文。或尊师重傅而临雍拜老，或大召名儒而增广生员，或增葺国学之祠宇而亲制孔颜之赞词。教民之政有矣，然不过太平之粉饰，究其存心，果有发尧舜禹汤文武之切于忧民者乎？上既无尧舜禹汤文武之君，则奉承宣布者，亦未必皆稷契伊周之臣。是以治效之著，虽或至于海内富庶，路不拾遗，户口繁益，求如古之耕田凿井，出作入息，而不知帝力何有则未也。虽或至于黎民醇厚，死囚来归，道学可称，求如古之仁人君子比屋可封，而但知顺帝之则则未也。此汉唐宋之所以不唐虞三代也欤？

仰惟我朝列圣相承，心尧、舜、禹、汤、文、武之心，行尧、舜禹、汤、文、武之政，必求复唐虞三代之治，是以百纪修明，庶务振举，而于教养二事，尤致重焉。田虽无井牧之异制，然兼并有禁，荒芜可罚，既有守令以司之矣，又兼命藩臣以董之，养民何以加焉？学虽无庠序之异制，然放廪饩有常，废坠有戒，既有师儒以职之矣，又专命宪臣以莅之，教民何以加焉？良法美意，昭昭乎日月之照临；深仁厚泽，荡荡乎天地之涵育。此我朝之治，所以度越前古也。陛下远宗帝王之道，近守祖宗之法，教养之政重加之意，盖无一念不在是也。

伏读圣制有曰："朕承祖宗大统，抚临亿兆，于兹有年，夙夜兢惕，弗遑宁处，期于家给人足，教行刑措，礼乐兴而风俗美，跻斯世于雍康泰和之盛，果何道以致之欤？"即此一念，臣已知陛下仁民无穷之心，盖不以目前之治而自已也。陛下抚盈成之运，当鼎盛之年，有可为之时，有可为之势，又有能为之资，诚欲复隆古之治，不过始终此心焉耳。始终此心，则始终此治。《易》曰："圣人久于其道而天下化成。"是知为治之道，固未可见小而欲速也。且天地之大，兆民之广，必人人皆遂饱暖之愿，而后可以为养之至。使有一民不遂其生，犹未也。必人人皆归礼义之化，而后可以为教之至。使有一民不协于中，犹未也。

方今天下之民，安于田里而生生自庸者，固多矣。然而水旱相仍，则辗转沟壑而无告者，不惟见于穷檐蔀屋之下，而通都大郡亦有之。如此而谓之生养遂，未可也。司民牧者，方且急于催科，而视农桑为末务，漫不知所以抚字赈救之方，此犹未免勤圣心之虑也。陛下养民之仁，诚能久而不替，田里未均，必思所以均之，树蓄未广，必思所以广之。禁游手游食之蠹，惩横敛苛征之虐。慎选循良恺悌之人，以充守令之职，纵未必尽得如稷之贤，独不可得出入阡陌、劝课农桑如召信臣者乎！既得其人，又假以岁月而考其功，因其功而进退之，则人孰不思所以自勉，而尽养民之职哉。如此而家不给人不足，无是理也。

天下之民，习于行艺而熙熙相安者，固已多矣。然而饥谨荐臻，则犬鼠偷盗而无藉者，不惟见于遐陬僻壤之所，而名乡广市亦有之。如此而谓之教化洽，未可也。司风教者方且溺于宴安，而视教化为繁文，恬不知所以振励转移之术，此犹未免贻宸衷之忧也。陛下教民之仁，诚能久而不息，学校必修，不使有倾颓之患；礼义必明，不使有坏乱之习。禁惑世诬民之言，革骄盈侈赞之俗。慎择端方谨厚之士以充师儒之任，纵未必尽得如契之贤，独不可得学兼体用，封植人才如胡安定者乎？既得其人，又重厥责任而考其绩，因其绩而黜陟之，则人孰不思所以自效，而尽教民之责哉！如此而教不行刑不措，无是理也。

治既至家给人足，教行刑措，则礼乐以兴，风俗以厚，四夷于是而咸宾，万邦于是而宁谧。诸福之物，可致之祥，莫不毕集，而雍熙泰和之隆复见于今日矣，唐虞三代岂得专美于前哉！

夫治效之所以隆，固皆本乎陛下之一心，然易迪难制者，莫人心若也。况人君之心，攻之者众，若货利，若声色，若游畋、方技土木之类，皆足以蛊惑摇荡之者也。苟非识见之明而持守之坚者，未必不为所移。此心少移，则人欲日炽，天理日消，而无所不至矣。是故动一侈心，则取民不以制，而养民之政以废。动一躁心，则接下不以礼，而教民之政以坏。陛下天资高迈，志意坚定，谅必能持守此心而慎终如始矣。然以成汤之圣，每致警于盘铭之辞：武王之圣，恒究心于丹书之戒。学问之初，其可以少缓乎？先儒范氏有言，人君之心惟在所养。陛下欲致帝王之治，乌可不求帝王养心之术？国朝经筵之设，最为近古，左经右史，朝讲暮读，闻于耳接于目，而优游浸渍于心，则所以防非窒欲而长善者，莫要于此。臣愿陛下日御经筵，进讲不缀，毋视之为虚文，毋应之以故事。俾贤士大夫常侍列于前后左右，从容燕闲，演绎陈说。所闻者必善言，所见者必善行。于以涵养此心，以不失其本然之天，充广此心，以不亏其固有之量。则养民教民之政，亦将始终无间，而治效愈久愈盛矣。天下治忽之几，端在乎此。

臣学术疏浅，荷朝廷教养有年，其于古昔圣贤格心之学，亦尝闻其大概矣。故敢陈此，以上酬陛下求言之盛心也。伏愿留神省览则天下幸甚。

臣干冒天威，不胜战慄之至。臣谨对。

作者简介：

谢迁（1449——1531），字于乔，号木斋，浙江余姚人。明宪宗成化十一年（1475）乙未科状元。成化十年，谢迁乡试获得第一，第二年会试第三，殿试第一，授他为翰林院修撰，累迁左庶子。谢迁工书法，诗文大抵辞旨平和，著有《归田稿》八卷。

孙家鼐对策欣赏

清代咸丰九年（1859）己未科

殿试策问：

奉天承运皇帝制曰："朕寅绍丕基，诞膺洪祚，荷上苍之申佑，承列圣之诒谋，劼毖深宫，日慎一日，勉思传心典学之谟，课吏训诫之治，励品崇儒之要，诘戎讲武之经，冀与中外臣工，致上理于大同，登斯民于衽席。此当临轩发策，博采周谘，尔多士其敬听之：圣学之原，在于存诚主敬，唐虞传心尚矣。所谓危微者何辨？精一者何解？执中者何在？禹曰：'安止几康。'汤曰：'圣敬日跻。'而即继之曰：'丕应徯志。'曰：'式于九围'。能申明其义欤？文王克厥宅心，武王不泄不忘，其道本无异同。见诸诗书者孰切？成康以后，历汉、唐、宋迄于元、明，英君谊辟，岂无一言一行与唐虞三代相符合者，能指其实欤？朱子谓格致诚正以及修齐治平，始终不外乎敬；中和位育极之圣神功化，枢纽不外乎诚。真德秀《大学衍义》，于诚意正心之要，立为二目；明丘濬复补以审几微一节。心法即治法之原也，昔圣微言，曩哲粹语，有可与经传相发明者，其紬绎而细陈之。唐虞官人，首言载采；成周分职，重戒惟勤；八法八成，六叙六计，载在《周官》。能析言之欤？汉史言综核名实，吏称其职。然上求实效，而下务虚名；徒以拘守绳墨为慎，以奉行条例为勤；岂董正治官之本意欤？夫询在事，考在言，而克之三有宅，灼见三有俊，则皆课之于心意者，事与言固必矢以一诚，而后足称忠荩欤？杨雄著二十五《官箴》，马融著《忠经》，宋真德秀著《政经》，其言亦有可采者欤？朕权衡黜陟，一秉至公，上以诚待下，则下当以诚事上；内外大小臣工，岂徒以奉令承教，遂为无忝厥职欤？士也者民之坊也，董仲舒曰：'正其谊不谋其利，明其道不计其功。'列士林者非以砥砺廉隅为本务乎？古者宾兴贤能，郑注谓举哲若今举孝廉兴能功也。三代以后，兵民初分，汉置材官于郡国，而京师有面北军屯；唐初设府兵，一变而为扩骑，再变而为方阵；宋兵有禁厢蕃乡之目；元立五卫；明设京兵边兵；其制孰为尽善？至于训练之法，汉有都肄，唐有讲武，宋有大阅。明戚继光《练兵纪实》一书，为切于实用，所称一练伍法，二练胆气，三练耳目，四练手足，五练营阵，六练将者，能阐其义欤？夫一兵必期得一兵之用，其何以选精锐、汰老弱。简器械、申纪律，使三军之士，皆足以备干城之选，而迅奏肤功哉？凡兹四事，迪德以端宸极，课绩以励官箴，植品以正儒修，整师以肃戎政；经邦要道，莫切于斯。尔多士拜献先资，毋泛毋隐，朕将亲览焉。"（以上策题，分典学、课吏、崇儒、讲武四道发问）

应殿试举人臣孙家鼐年三十一岁，安徽凤阳府寿州人，由拔贡生应咸丰元年顺天乡试中式，由举人应咸丰九年会试中式，恭应殿试，谨将三代脚色开具于后：

曾祖士谦不仕故　祖克伟不仕故　父崇祖仕故。（以上履历）

孙家鼐对策：

臣闻：建极者敛福之原，知人者安民之本，学古者入官之道，

整军者制胜之资。载稽往籍，《易》占进德，《书》纪奋庸，《礼》重上贤，《诗》歌整旅。古帝王握镜临宸，执枢斟化，以勤念典，则逊敏昭也；以励赞襄，则明良会也；以宏乐育，则陶淑周也；以诘戎兵，则承平奏也。莫不本宵干勤劳之实，以握天人交应之符。用是无怠无荒，圣功裕焉；若时若采，庶绩熙焉；灼知灼见，英才奋焉；有严有翼，军政修焉。渊乎铄哉！所由萝图集瑞，松栋延厘，颂咸登而跻仁寿者此也。钦惟皇帝陛下，道昭圜矩，治肃堂廉；隆雅化以作新，播威声于挞伐；固已三无敬奉，而一德交孚；八恺偕升，而六师允饬矣。乃圣怀冲挹，葑菲无遗，深惟久治之规，弥切迩言之察，进臣等于廷而策以修己、用人、举贤、肄武诸大端。臣之愚昧，何足以赞高深。

顾念泰山峻极，不辞土壤之微；沧海渊深，尚纳涓流之细；敢不勉就平日所诵习者，以效先贤之拜献乎。伏读制策有曰："圣学之原，在于存诚主敬。"因备及夫唐虞三代心法之传，此诚继天立极之隆轨也。

臣案尧舜传心，皆言允极，而危微精一，命禹加详；盖以人心生于形气之私，危殆而不安；道心原于性命之正，微妙而难见；必察之以精，守之以一，而后执中之治以成。然精一之功，统于诚敬，尧之文思安安，而冠以钦明；钦，即敬也，舜之浚哲文明，而归于允塞；塞，即诚也。文命敷四海，而只承于帝，早括禹谟；帝命式九围，而圣敬日跻，足赅汤颂。四诗首及文王，实贯以缉熙敬止；九畴访于武王，莫要于皇极居中；以至成曰：敬之，康曰敬忌；虽安勉不同，考之诗书，若合符节。三代而下，若汉光武之通《尚书》，唐太宗之撰《帝范》，宋理宗之制《道统赞》，元仁宗、明孝宗之留心《大学衍义》，尤为好古。朱子以《大学》始终不外乎敬。《中庸》枢纽不外乎诚，真德秀《大学衍义》以诚正为二目，明丘濬复补以审几微一书，存养之功，完天理之本体；省察之力，遏人欲于将萌；所以发明圣学者至矣。

皇上宥密殚心，时几敕命，所以醇洪畅之德，而丰茂世之规也。

制策又以权衡黜陟一秉至公，因详求夫询事考言之法，此诚董正治官之至意也。臣案唐虞官人，成周分职，其世虽异，其道则同。八法治官府，即《虞书》之六府允治也；八成经邦治，即《虞书》之百工允厘也；六叙正群吏，六计弊群吏，即《虞书》之百揆时叙三德日宣也。古来圣主贤臣，千载一遇，朝廷正而百官正，岂以苛察为明哉，亦相待以诚而已。自后世务为文法，以拘守绳墨为慎，以奉行条例为勤，若汉宣帝好尚刑名，综核名实，虽一时吏治之盛，如黄霸治颍川，龚遂治渤海，赵广汉治京兆，尹翁归治扶风，皆能各称其职，然而群邪未去，卒至诛戮韩、杨、赵、盖诸贤，择术不审，功过相半，吕祖谦论之详矣。汉杨雄二十五《官箴》，偕《法言》并著；马融十八章《忠经》，仿《孝经》而成；宋真德秀采辑经史为《政经》一卷，与心经表里；以雄之仕新莽，融之诬李固，视德秀人品悬殊，然其言皆有可采。要之元首股肱，联为一体，上以诚待下，下当以诚事上，非可徒求之奉令承教间也。

皇上恭以垂裳，抚辰凝绩，大小臣工，孰不谨官常以襄郅治哉。

制策又以士者民之坊，当以砥厉廉隅为本务，而因总论夫取士之法，以期拔擢真才。臣案《周礼·大司徒》，以三物教民而宾兴之，乡大夫考其德行道艺，而献贤能之书，由此论定后官，俊乂升焉；盖教之于未用之先，始用之于既教之后，是以人才盛而吏治隆也。至汉文帝始举孝廉，武帝始举茂才，其后又定辟召之法，与科举并行，犹有乡举里选遗意。唐之取士，其科有六，唯明经进士二科独盛；利禄之途既开，侥幸之心斯起，不逮两汉远甚。宋初设制举科，真宗增为六科，仁宗增为十科，后司马光请立十科，朱子请立七科，皆建议未行。宋之得人以进士为最，其由策论诗赋登第为名臣者不可胜数；善夫宋太宗之言曰，科举所以待士，非可容走吏冒进，窃取功名也。夫儒行有亏，未有能官箴恪守者。自选举变而为辟召，辟召变而为诗赋，别居之谣，虚车之诮，积习相沿，议者遂欲复成周之法。不知得人之道，在于知人；知人之道，在于责实；诚使道德一而学校修，黜陟明而官方叙，即谓科举之法与成周比隆可也。

圣世辟门吁俊，稽古右文，运大钧而开元模，固已教思广被矣。

制策又以兵所以威天下，实所以安天下，而因论夫整军经武保大定功之制。臣案古者寓兵于农，三代以后，兵民初分，汉置材官于郡国，而京师有南北军之屯，犹有井田遗意。唐分天下为十道，始置府兵，无事则督以力耕，不烦召募，与汉制同，最为近古。其后改为召募，名曰旷骑，而府兵之法坏；其后京师徒有虚额，强兵悍将，分布天下，而方镇之势成。宋惩藩镇之失，制兵之目有四：宿卫曰禁兵，州镇曰厢兵，内属部落曰蕃兵，士民应募曰乡兵。无事而食，其费甚钜。元立五卫以总宿卫，明立京兵以卫京城，边兵以卫各边。其后军政不修，兵皆不振。此历代兵制所以不及两汉也。然兵制盛衰，视乎训练之勤惰，若汉之都肄，唐之讲武，宋之近效大阅，立法之密同，玩法之弊亦同。唯戚继光《练兵纪实》一书，练伍、练胆、练耳目、练手足、练营阵、练将诸法，行之无弊。诚使命将得人，精锐选而老弱汰；器械简而纪律申；有使臂使指之形，有同泽同袍之志；师中协吉，元老壮猷，于以展鹰扬之才，奋虎贲之勇，何难迅奏肤公哉。

圣朝文德诞敷，武功震叠，天威雷奋，露布风驰，洵绥怀盛绩也。若此律，仁圣之事既赅，而帝王之道备矣。臣尤伏愿皇上天行不息，日进无疆，本励精图治之诚，臻锡美延洪之庆。性量已纯，而更深兢业；官常已懋，而更示激扬；胶庠已盛，而更树风声；韬略已娴，而更精简阅。于以迓鸿庥、扬骏烈，星辉云烂，赓复旦之光华；镜清砥平，巩无疆之宝祚；则我国家亿万年有道之长基此

矣。臣末学新进，罔识忌讳，干冒宸严，不胜战栗陨越之至。臣谨对。（以上为孙家鼐策）

作者简介：

孙家鼐（1827——1909）字燮臣，号蛰生，晚号澹静老人。安徽寿州（今寿县）人。清咸丰九年己未科状元。中状元后，授翰林院修撰，入值上书房。光绪登基后，命孙家鼐在毓庆宫行走，与翁同龢一起任帝师。他家门上贴一副对子："一门三进士，五子四登科"。而且皇帝恩赐孙家鼐，在家乡建造一座"太傅第"。

张之洞对策欣赏

清代同治二年（1863）癸亥科

殿试策问：奉天承运，皇帝制曰：朕以冲龄，诞膺宝祚，默荷上苍垂佑，仰承列圣诒谋。业业兢兢，勤求治理，上思副两宫之教育，下期措四海于乂安，宵旰图维，罔敢暇逸。深念典学传心之要，求贤佐治之方，去奢崇俭之规，察吏安民之术，经邦要道，莫生于斯。今当临轩发策，博访周谘，尔多士其敬听朕命二帝、三王之法不外一中，而《尧典》以钦始，《益稷》以钦终。其与执中之理，可互相发明欤？《尚书》而外，诸经之旨何者可以相通？《大学》一篇分为八条目，当以何者为之贯通？《中庸》一书分为三达德，当以何者为之枢纽？真德秀作《大学衍义》，何以略治平不言？明邱濬补之，为目凡十有二，其立意颇可贯通欤？昔人谓帝王之学异于儒生，所以不同者安在？将空语精微，而不求诸实事欤？抑博观约取，而得其要领欤？如汉之董仲舒、匡衡，宋之程颐、胡安国、朱熹，皆宿儒硕学，多所阐发者也。何者为审端致力之首欤？得贤才而治天下者，帝王之要道也。古者用人之权秉天子，若《尚书》之有选部，始于何时？以选部为吏部，起于何代？唐制有试法，有集法。既察其身言，复察其书判，此试法也。裴光庭何以作循资格以矫之？集之于十月，选毕于三月，此集法也。陆贽何以立计阙例以救之？然则二者固不能无弊欤？夫十室之邑必有忠信。故汉分四科，宋立六科，司马光又乞设十科，至详且备已。然人才果可尽取而无遗欤？且所取者，果综核名实而无矫伪欤？今将使魁奇倜傥之士不逾乎范围，悃谨廉洁之儒不拘乎绳尺，其道何由？《书》曰："慎乃俭德。"诚以俭德之共也。尧不以土阶为陋，而舜怵戒于涂髹,禹卑宫，文王卑服。尚已。嗣是衣弋绨，罢露台，集书囊为帷。往迹流传，盛德不犹可溯欤？古人臣励羔羊素丝之操，如赵忭守成都，一琴一鹤；程节令盐城，一马一仆。其高洁清标，非臣下所当矜式欤？夫镂簋朱纮玉缨琼弁，自昔所讥。乃积习相沿，敝化奢丽，以致不能养廉。《蟋蟀》、《山枢》，民风近古；今则报食器用务为美观，闾阎不免逾礼。将以黜华崇实之意训迪臣民，何由而使风气日臻朴茂欤？与吾民相亲者，守令也。汉史《循吏传》纪守相甚备，而令长则阙如。其故何欤？夫天下郡邑至众也，郡守之贤否，监司且难人人悉；县数倍于郡，令数倍于守，如何而后能督察之欤？县令得人，则赋敛均，徭役平，诉讼简，吾民得遂其所安。顾由儒术者多迂而弛事，由整流者或奸而弄法，其余蠹政厉民不可枚举。欲整齐而磨厉之，何道之从？大吏者，所以纠察守令，为天子进贤退不肖者也。乃或所荐剡者以才能出众为先，而留意教化者遭沈滞；所称赏者以赋税先登为最，而劳心抚字者受遣诃。其何以惩贪墨之风，而养循良之气欤？夫稽古以懋纯修，遴才以襄郅治，戒奢以端民习，课绩以饬官方，皆宰世之宏模，绥猷之极则也。多士对扬伊始，其各陈谠论。毋隐。

应殿试举人臣张之洞年二十六岁，直隶天津府南皮人，由附生应咸丰二年顺天乡试中式，由举人觉罗官学教习应同治二年会试中式，恭应殿试，谨将三代脚色开具于后：

曾祖怡熊仕故　祖廷琛仕故　父锳仕故（以上履历）

臣对。臣闻：制科之设，昉于西汉，本认求能直言极谏之人，而天子临轩称制问之，使尽其所欲言，故汉董仲舒、唐刘蕡、后周王朴、宋苏轼、陈亮，类能指陈当代利害，侃谔不挠，诚以此科非以校多士之词章，将以闻朝廷之阙失。钦惟皇帝陛下以圣哲之资，荷艰大之业，揆文奋武，四海望治，猥以典学、求贤、崇俭、察吏之要，下采刍荛。伏读诏书，罢去对策格式忌讳，俾得剀切敷陈。是则二百余年相沿之旧章，在今日为破格求言之盛举。闻之孟子不以尧舜之道事君为不敬，若逆亿言之无益，而遂涂饰敷衍，苟以窃一命之荣；不敬孰大于是。用敢披胆量，冒斧质，为陛下一言。伏读制策有曰，二帝三王之心法，不外一中，因旁收经典以相发明。臣谨案《春秋繁露》曰：全天者帝，通德者王。《书》之钦，《易》乾坤之诚敬，《春秋》传之大居正，皆与执中通。《大学》始终一敬，《中庸》枢纽一诚，朱熹语也。真德秀《大学衍义》四十三卷，断自齐家而止，意谓治平之基已具。丘濬补之为百六十卷，而后经世大法犁然可观。夫明体而达用，化民而成俗，此帝王之学，所以与小儒异，而不仅训诂词章之为也。然谓语精微而遗实事，圣贤之道，当不其然。臣愚以为陛下冲龄毓德，固不必原心于杪忽，校理于分寸；所亟者莫如察敬肆，辨邪正。敬肆察则理欲自判，邪正辨则君子小人自分。勿以顺逆为喜怒，勿以喜怒为从违，即异日亲裁大政，扩而充之，岂能外此。其审端致力之方，则备具于董仲舒之疏，匡衡之疏，程颐、胡安国之讲讲，朱熹之封事。而深切居要，则程颐多亲贤士大夫一语尽之矣。

制策又以得贤才所以治天下，而总论资格科目之得失。臣谓今日人才之乏，资格太拘、科目太隘致之也。案选部之名始于汉季，吏部之名始于魏，量能授职，古意未湮，循资格出，而差次注铨权归胥吏，计阙例但免羁候，无与本图；此正前代之失，可为殷鉴。昔汉有德行高妙等四科，宋有贤良方正等六科，司马光请立行谊纯固等十科，果能尽如所言，尚虑何才不备。若恐矫伪者之糅杂其间陛下慎重名器之深心，而臣窃以为过计。何则？任人者治，任法者乱，昔康熙、乾隆间尝举鸿博矣，推其举主，大半知交，然未闻有空疏不学亦与其选者。盖公然荐举，尚畏人言；暗国摸索，转得藉口。庞统曰，拔十得五，犹获其半。夫得半已不少矣，有奈何为此十不获一之术哉。今即未能尽易前辙，意者苏辙兼用科目选举之法，或亦可采取欤。如此而犹虑取之或遗，则所司奉行不力之过。比年陛下亦尝诏中外举将才矣，然而应者寥寥，山林隐逸则绝无闻焉；岂九州之内遂无才已乎。古者蔽贤有戮，不举孝廉者有罪，诚使多其途，优其用，严其限，重其不举之罪；期年之内，而人才不奋迅鳞集于京师，臣不信也。且夫贤才之所求于上者，诚欲行其言也，非特欲得仕宦而已也。

陛下欲综核名实，则何不试其言之效不效，以为用不用之权衡哉。今世士大夫习为柔懦谨畏，但有拘守绳尺之过，断无轶乎范围之忧，臣以为当救其所偏，不当道其所胜。

世宗宪皇帝时所用李卫、田文镜辈，虽不免驳杂，而皆立功名。诚以文法之中，必不足以得非常之士，如必弃狂狷而取乡愿，治平且不可，况多事乎。臣见其害，未睹其利。

制策又以今日习尚侈靡，思以俭德救敝俗。臣于是叹陛下之知本为不及也。今天下大患在于贫。吏贫则黩，民贫则为盗，军贫则无以战，而其原自不俭始。共德之训，垂范往古，今民间舆服之饰，冠昏丧祭之仪，但视物力之丰啬，不问制度之等差，尊卑不章，良贱无别，匪直害财，抑且伤礼。官吏汰侈，为祸更烈。大吏之厨传供张，车乘傔从，取给州县，州县之自奉奉人，又将与谁取之。尝考圣祖仁皇帝时，削平三藩诸寇，数道出师，攻占累年，租入曾不及半，问其度支所出，惟以撙节为先务，然则其效略可睹矣。

陛下何不躬为倡导，申明旧章，以湔此积习耶。且俗尚节俭，其利有三：申古者劘金之禁，服饰不耗，日用自饶，利一也。隆杀有等，昏丧易举，利二也。纂组微则布帛盛，他物称是，农人获利，利三也。夫培本根厚风俗之道，不可不察也。

制策又以蠹吏厉民，思所以整齐磨厉之道。臣惟州县表率在于府道，故汉传循吏不及令长。今天下州县以二千计，然县之隶于府者一二至十余而止，府之隶于道者一二至五六而止。势繁而理约，节节相制，不难理也。近来知府贫乏，仰食州县陋规，固已关其口而夺之气矣。道与府同，而其势又不能与两司争，所以督察之任，有名无实，谓由儒术者愚而驰事，是已，然未可为儒术咎也。夫所谓儒者，宗法圣贤，博通今古，以之为吏，谁曰不宜。今世士人，殚精毕世，但攻时文，一旦释褐从政，律令且不晓，何论致治戡乱之略哉。至于捐纳杂流，究其贻患，甚于加赋；其害人人能言，而其弊未可以卒革者，不过曰军饷所出耳。臣窃以为民穷财尽，来者益稀；徒受鬻爵之名，并无富国之实。今北方诸省之饷，出于地丁；江、皖等省之饷，出于厘金洋税协济亩捐；湖广等省之饷，出于地丁盐厘；曷尝恃此为生计。假使今日督抚将帅，果能之于江之南北，淮之东西，关中榛莽之墟，苏松污莱之无场，大河涸出之道，兴屯足食，耕战兼资，加以清正供之中饱，兴可开之厘税，裁无用之额兵，行之三年，富强可致；亦何至沾沾于苟且补苴之术耶。今欲惩贪墨，养循良，唯当责之大吏；大吏知大体，则必不以簿书斯会为才；大吏厉风操，则武健掊克者必窜逐而无所容。虽然，欲禁其贪，而不先有以养其廉，恐亦终类于救火扬沸之为耳。夫杀一贼，不如使民少增一贼之为功多也；求一良将，不如选一良吏之为力易也；二者固宜深思而蚤计也。伏望陛下本至诚之德，奋独断之明，破除常格，集思广听，以成中兴之业。惓惓愚忠，不胜大愿。臣非不知一介愚贱，妄陈天下大计，足以自干罪戾。特自惟束发读书，稍知大义，敢承清问，效其狂瞽之说。其未及者不敢著于篇。傥陛下曲赦之而财择焉，天下幸甚。臣末学新进，罔识忌讳，干冒宸严，不胜战栗陨越之至。臣谨对。

作者简介：

张之洞（1837——1909），字孝达，一字芗涛，号壶公，晚号抱冰老人。直隶南皮（今河北南皮县）人。清同治二年（1863）癸亥科探花。他是道光二十七年（1863）丁未科状元张之万的族弟，咸丰二年（1852）在乡试中夺得解元，一时名噪京城。张之洞是清末洋务派首领，提倡“中学为体，西学为用”。他倡导旧学，所作《輶轩语》《书目答问》影响较大，由于他政绩显赫，先后晋升为协办大学士、体仁阁大学士、军机大臣等职。

评价篇

毋庸置疑，策是中国最为古老的一种文体，从体裁而言，它的程式要求最少，惟务直言，比较自由。在中国科举史上，这种文体的产生，具有里程碑的意义。事实上，策文并非我们一般人所认为的那样一无是处，有许多名篇佳构在那个时代，乃至后代也是很流行的，甚至可以说影响着中国几千年的皇权社会。汉代的策论，如晁错、董仲舒和公孙弘的文章，都是当时最优秀的政论文，不仅在文学上影响后代，在政治上对后代也有至为重要的影响。董仲舒著名的“罢黜百家，独尊儒术”就是在他的对策里提出的：“春秋大一统者，天地之常经，古今之通谊也。今师异道，人异论，百家殊方，指意不同，是以上亡以持一统：法制数变，下不知所守。臣愚以为诸不在六艺之科、孔子之术者，皆绝其道，勿使并进。邪辟之说灭息，然后统纪可一而法度可明，民知所从矣。”（见《汉书·董仲舒传》）并由此而奠定了儒学在后世的地位，影响中国两千多年。

然而，让人们百思不得其解的是，在后世关于科举制度的各种研究中，策文似乎已被“遗忘”，早被人丢到爪哇国里去了，在通行的中国“文学史”里，基本上没有策文的位置；学术界对于策文的研究，也近似于空白。既使偶尔提到，也寥寥数语，很少有系统的研究，以至于出现把策文当作八股文的笑话。这在我们口口声声“尊重知识”的时代，太不应该。对于策文这种古代常用的文学体裁，与古代的其他文学体裁究竟是一种什么关系，这种常用的文学体裁在今在还有没有价值？所有这些都是耐人回味并需要认真思考的问题。

策文与其他文体的关系

策文与任何一种文学体裁一样，都不是孤立存在的。从它产生之日起，就是与其他文学体裁相辅相成、相互作用的。具体地说，主要表现在以下几点：

策文与经义

从历史上看，策与经一直是紧密相连的。汉代的选举，策与经往往是结合在一起的，对策以引经义论事，说经以解释当时的灾异。策与经的关系，往往是合二而一的。所以当时又称经策，许多射策或对策，实际上就是以经题发策的。

贤良方正可以在经学人物如明经、博士里征诏对策；博士也可以从贤良方正而荐举考试。“（公孙）弘初以贤良征为博士，后罢归。再以贤良征方对策，董仲舒。辕固亦皆先为博士，后举贤良。”（见《文献通考》卷三十三“选举六”）张元举孝廉，会颜氏博士缺，元策试第一，拜为博士。

元始元年（公元1年），扶风功曹申屠刚以直言对策曰：“臣闻成王幼少，周公摄政，听言下贤，均权布宠，动顺天地，举措不失；然近则召公不说，远则四国流言。今圣主始免襁褓，即位以来，至亲分离，外戚杜隔，恩不得通。且汉家之制，虽任英贤，犹援姻戚，亲疏相错，杜塞间隙，诚所以安宗庙，重社稷也。宜亟遣使者征中山太后，置之别宫，令时朝见，又召冯、卫二族，裁与冗职，使得执戟亲奉宿卫，以抑祸患之端。上安社稷，下全保傅。”王莽令太后下诏曰：“则所言僻经妄说，违背大义。”罢归故里。

王莽以经义衡答策，所言虽为加罪之辞，然引经义罢其策，亦可见经义对策的重要影响。

宋代的试策往往也是以经学为主，并参以时务。据《资治通鉴》卷二六记载，景德四年，宋真宗谓宰臣曰：“比设此科，欲求才识，若但考文义，则济时之用，安得而知！今策问宜用经义，参之时务。”因此命两制各上策问，择而用之。

策文与论

策与论是古代科举考试中的两种文体，策是指策文，它包括策问与对策，如董仲舒的天人三策等；论是指评论，如贾谊的《过秦论》。本来两种体裁各不相同，但被用在科场上以后，策论是二三场考试的内容，所以这两种体裁常常连称。

在唐宋时代这两种文体区别还是挺大的，泾渭分明，策是对策，常常抒写自己对时务政事看法的；论是对古今经史人事的评论，各不相同。但明清以后，策题很少出于现实问题，大多数题目出自经史，这样一来，其对策也不再涉及政治等敏感问题，单纯地成为彰显学问的一种文体了。于是，策与论往往混称，在一些人的眼里，已经是没有太大的区别了。

策与论基本上属于同一类型的题型，都是要根据给定的题义铺陈自己的见解。策的题型大体相当于现代各类考试中的问答题，论则相当于作文中的议论文。策与论都是历史久远、用途广泛，极具使用价值的文体。策是在科举考试的各种文体中最早出现的一种，从汉武帝开创制举以后，被历代科举制所沿用，即便在唐代进士科试诗赋和明清以八股文取士的时代，对策仍然是非常重要的一项考试内容。策与论相比，论稍微晚了一些，在唐玄宗时开始出现于进士科的考试中，到中晚唐时期，论曾经作为独立的一种考试文体，应用于不同类别的科场。甚至在李德裕为相时曾一度取代诗赋；到了宋代，论在进士科考试中受到了广泛的重视和采用。

策文与古文

从某种意义上说，策论是古文精神的体现。这里所说的“古文”是狭义上的古文。宋代刘将清评唐宋大家的古文与时文时说，“文字无二法，自韩退之创为古文之名，而后之谈文者必以经赋论策为时文，碑铭叙题赞箴颂为古文。不知辞达而已，时文之精，即古文之理也。予尝持一论云：能时文未有不能古文。能古文而不能时文者有矣。未有能时文，为古文而有余憾者也。如韩、柳、欧、苏皆以时文擅名，及其为古人也，如取之固有。韩《颜子论》、苏《刑赏论》，古文何以加之……”这些话说的都是很有道理的，其实古文与时文并没有根本性的差别，时文本身也是出自于古文的。只不过是时文程式限制稍微多一点而已。也正是因为程式多，所以章法井然，节奏感强，更明快，更易于学习。明代王世贞在《苏长公外纪序》中云说“今天下以四姓目文章大家，独苏长公之作最为便爽，而其所撰论策之类，于时文最近，故操觚之士鲜不习苏公文者。”

“时文之精，即古文之理也。”嘉祐二年（1057）的事例最有说服力。当时被誉为“唐宋八大家”之一的欧阳修知贡举，他对科场中竞相炫奇用僻的文体十分忧虑，在考试时严禁挟带参考书籍入场，在评卷时对不够平实的试卷痛加裁抑，此后科场和文坛的风尚有所改变，写作古文渐成风气。苏轼说：“自嘉祐以来，以古文为贵，则策论盛行于世，而诗赋几至于息。”（见《苏轼文集》卷九）

至此，由中唐以来的“古文运动”终于获得了成功。而且“唐宋八大家”中，除了韩愈和柳宗元之外，其余的六个人均出自宋代的庆历、嘉祐年间，从此以后，继先秦两汉而月新发展的古文遂取代了骈文，并逐渐占领了中中的文坛。正像邓嗣禹《中国考试制度史》说的那样：“宋代科举重策论，其结果是令散文生。宋代文学，以散文见长。中国论理之文，以宋代为最佳，如司马光、欧阳修、王安石以及三苏二程等人之作，皆称精密，立言有本，发论有据，简括精良，难以驳诘，便是得益于以策论取士。”

策文的价值

在当今社会中，策文究竟有什么价值？我想我们首先应该从流传下来的策文的内容上看，邓洪波先生在《中国状元殿试卷大全》的前言中说："历代状元的殿试卷，其内容博大精深，包罗宏富，但其形制决定了它侧重于'时务'的特点，对当时政治的关心，对儒家传统的修、齐、治、平之学的讲究，构成了它的主旋律。其文虽属立马造桥之作，但不乏真知灼见——对历代兴衰经验与教训的总结，对明君的殷殷期望与激励，对昏君的抨击与鞭挞，对社会腐败现象的无情揭露，对太平盛世的憧憬……字里行间洋溢着中国古代优秀知识分子的满腔豪情。尤其是于国运艰难之际的某些殿试卷，更是慷慨激昂，不乏治国、安邦、济世之良策，更能体现他们超群的才智，强烈的忧国忧民的社会责任感，以及威武不屈、贫贱不移的高尚人格。读其文，则可想见其为人，所谓'高山仰止，景行行止，虽不能至，心向往之'。历代状元卷给我们留下的不仅是一份珍贵的文学遗产，更是一部凝结着政治智慧与爱国爱民思想的历史教科书。"说完这段精彩的文字，再试图着回答策文在现实社会中，究竟还有没有价值？究竟有什么价值？这就成了不言自明的问题。那么具体地说，策文的价值究竟体现在哪些方面呢？至少有三个方面：

文史资料价值

如果仔细研读流传下来的殿试策文，人们就会惊奇地发现，策文所涉及的内容相当广泛。诸如帝王之学、治世之道、天道人极、礼乐刑政、古今治道、当世急务、经学、史学、刑罚、吏治、教化、民生，以至天文、地理、祭祀等等，都有所反映。尤其值得关注的是许多策文将当时社会的政治环境、政治状况、以及社会经济、军事、法律、民族、宗教、教育等都不同程度地反映出来。如绍兴二十七年（1157）年丁丑科状元王十朋的对策，就对当时的朝廷政治进行了无穷的揭露。他在策文声色俱厉地说："自权臣以身障天下之言路，而庠序之士，养谀成风，科举之文，不敢以一言及时务。……内外用事之臣，多出乎权门之亲戚、故旧、朋党，文臣或非清流而滥居清要之职，武臣或无军功而滥居将帅之任。贿赂公行，其门如市，郡县之民，其浊如泥。"而且如此揭露，又恰恰与《宋史·秦桧传》所描写的社会现实相印证。

明末清初，黄河大堤年久失修，连续多年发生洪涝灾害，致使运道不通，漕运受阻。清政府把治水工程摆在了重中之重的位置。康熙皇帝曾把三藩、河务、漕运当作头等大事来抓，并在殿试的策问中连续五次都有治理黄河的内容，借科举考试征求士子们的良策。应试者畅所欲言，提出了许多独到的见解。如戴有祺提出"有治人无治法"，"重其事权，专其职业，听其便宜，无俾有掣肘之虞，久其委任，弗循乎迁转之格"；李蟠提出应"兼治上流而引其淮"；汪绎认为"今日河工之患，不在河而在淮，不在河之害于北，而在淮之害于南。"斥责某些治河官员"幸其工之不成，而旷日羁时，因之以一利。于是河堤之溃决日报，运道之梗塞日滋。"（见邓洪波《中国状元殿试卷大全》）从这些策文中，可以了解到当时黄河的水患情况，以及学子们对治理黄河的一些见解。

明代制策虽名为御制，实则多出自翰林词臣之手，最后交由皇帝裁定。如黄佐《翰林记》中说：“圣主策进士，多亲制策问，洪武四年、十八年皆然。其后，或命本院儒臣拟撰以进，取自圣裁而用之。”（见黄佐《翰林记》卷一四）又言：“国朝《乡试小录》《会试录》、《进士登科录》，具有成式……其所刻程文，自乡试以至殿试，皆宜刻士子所作，庶为传信。流弊之极，至于制策，亦多代笔，岂所以教之忠欤?”。

就一般殿试策问而言，说唐、虞、三代的情况实际上是考应试者的经学，说后世汉、唐、宋的情况实际上是考史学，说到“朕自即位以来”的情况是考察应试者对当今时务的见解。故明代的殿试策问通常情况下，往往都是先谈论经史，后及当今时务，融经史、时务于一体，浑然天成，故称“经史时务策”。当然，在明代二百余年的考试实践中，也有只论经史而不及时务的，也有只谈时务而不谈经史的，但这类殿试策问相对较少。用今天的眼光来看，明代经史时务策把知识方面的测试与能力方面的考察完美地结合在一起，是一种较为完善的考试文体。从史学的角度看，殿试策问（制策）中的“时务”部分无疑最具史料价值。

明代时务策的主题，虽然不外乎内圣外王、修齐治平，然而无论是御制策问，还是乡、会试策问，往往都是感时事而发，对策也都有的放矢，多注重时务，很有针对性、现实性。有的时务策本身就是极其珍贵的历史文献，可补史之缺佚。通过这些时务策，我们还可以看出，即便是在八股取士的明代，士子们也并非都埋头“五经”、“四书”“皓首穷经”，置国计民生于不顾，相反，他们对当时政治的关心可以从他们充满激情和思考的对策中表现出来。当然，由于受初场八股文的影响，以及程朱理学对人们思想的束缚，时务策格式比较僵化，这在一定的程度上影响了他的现实性，因而这些饱蘸血泪写就的时务对策，具有较高的文史资料价值。

文学研究价值

一般地说，策文的文学价值，是由试策的内容所决定的。无论是政治、经济、军事，还是教育、文化、灾异、地理、民族等，主要是测试应考者的德、才、学、识以及应付现实“时务”的能力与技巧。优秀的对策试卷通常都能从容作对，深思熟虑，胸有成竹，条理畅达，理据充实。尤其是状元对策，既是一种特殊的策文，又是“最好的”策文，他们的文学性，即使以今天的眼光审视，仍然是很强的。首先，作为文学的重要因素的“真实性”，在状元对策中可以得到保证，同时，他们大抵可以满足文学对于现实性和充实性的要求，故读起来往往言之有物，内蕴丰富。其次，状元策通常注意在行文中体现自己的修养、气质、胸怀、风采和精神等。这些正是塑造人物“性格”的重要因素，这个“人物”便是“状元”。许多状元对策文情并茂、富于感染力，读来不禁令人感奋，而且令人对其作者心怀向慕。

试策相对于其它考试文体要具体实在，正因为此，“策”才成为科举考试中地位最巩固、受非议最少的项目。从文学的角度看，“官人文学”所给与中国人生活的影响不比任何其他文学种类逊色，也为今天文学研究的重要对象之一。纵看历史，文学家大多出自进士出身。我们粗略地统计一下，贺知章、陈子昂、王昌龄、王维、韩愈、白居易、刘禹锡、柳宗元、杜牧、李商隐、范仲淹、王安石、苏东坡、黄庭坚、陆游等都有过参加科考的经历，科举制推出了一批名人，让他们为官从政，他们的诗文便能相得益彰。如果仅是一介书生，寡居陋巷僻壤，诗文何以能远播？明清以后，进士出身的文学名人就少了。科举制与科举文学是相伴而生的。科举制的兴

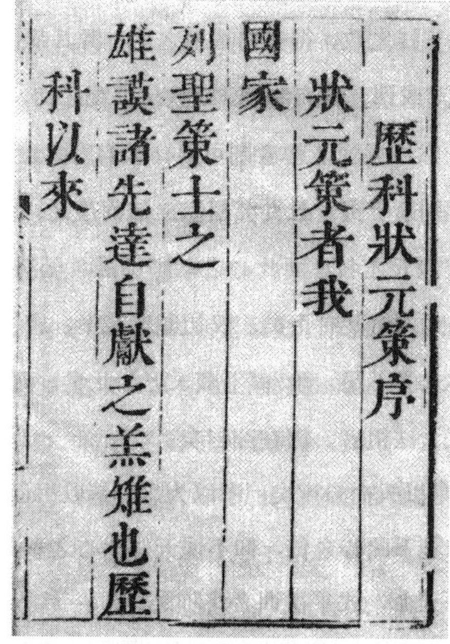

歷科狀元策序

狀元策者我

國家

列聖策士之

雄謨諸先達自獻之羔雉也歷

科以來

○《历科廷试状元策》书影

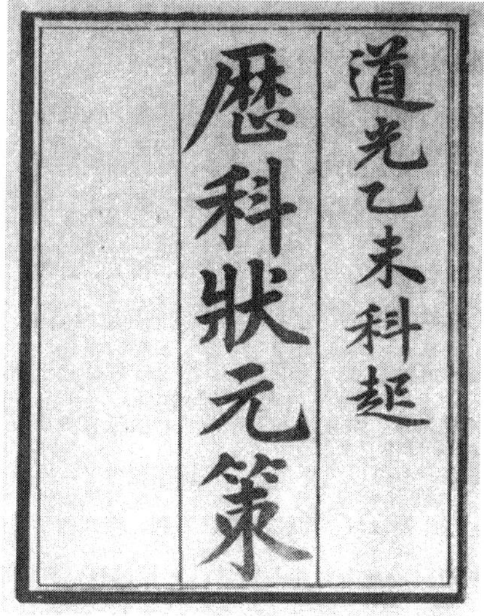

道光乙未科起

歷科狀元策

○清刊本《历代状元策》

盛，使得以科举制度为背景的文学作品林林总总地出现。因此说，科举考试对于文学的影响是十分巨大的，包括对一些诗文、笔记、传奇、戏剧、话本小说体裁和内容的影响。宋代庆历、熙宁改革，重视策论、经义考试，便造成了宋代散文的生辉。

策论是古代一种重要的文学体裁，清代古文大家姚鼐在《古文辞类纂》中收录了董仲舒、苏轼、苏辙等人的《贤良三策》《苏子瞻对制科策》等二十篇，虽然殿试的策论，因为时间限制等原因，多数情况不能和前者相比，但它作为一种文学体裁，其中也不乏名篇佳作。宋代的许多策论不仅能够针对现实，而且洋溢着浓郁的文学气息。历来评价论策的都以张九成为代表，其对策行文滔滔，一泻千里，忠肝义胆，慷慨激越，其策中最受推崇的名句如“方当春阳昼敷，行宫别殿，花柳纷纷，想陛下念两宫之在北边，尘沙漠漠，不得共此融和也。其何安乎！盛夏之际，风窗水院，凉气凄清，窃想陛下念两宫之北边，蛮毡拥蔽，不得共此舒畅也，亦何安乎！澄江写练，夜桂飘香，陛下想此乐时，必曰：‘西风凄劲，两宫安无忧乎？’狐裘温暖，兽炭春红，陛下享此乐时，必曰：‘朔雪袤丈，两宫得无寒乎’？”采用赋的铺陈手法，文字极为华美绮丽。其文既出，一时间争相传诵。张九成在策中对金人扶植的傀儡刘豫也给予了无情的鞭挞：“区区一刘豫，欲收中国之心，呜呼愚哉！中国之心，岂易收乎，彼刘豫者，何为者耶？素无功德，殊乏声称，黠雏经营，有同儿戏，何足虑哉?”用语犀利，文笔精彩。据说后来刘豫读到这篇策文，恼羞成怒，立即拔剑予刺客，必欲置张九成于死地而后快。

事实证明，殿试中的对策其文学研究价值是比较高的，而且也受到一些学者的充分肯定，陈选公认为，策在本质上乃是一种典型的“官人文学”（或考试“文学”）、“考试文体”，它并不比其他“文学”种类逊色，如果有的人仅就有的策文字斟句酌、四平八稳，

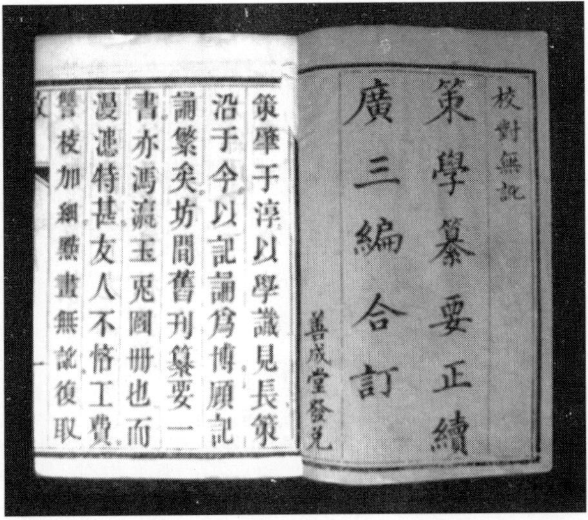

◎清刊本《策学纂要正续广三编合订》

就认为它没有什么文学价值，显然一叶障目，不见泰山。虽然策文是考场上临时草就的命题作文，不如平时有感有发认真推敲的文章那么言之有物，那么精细，但这些策文也反映出作者临场能发挥出高超的文字水平，或能提出解决问题的思路，或对经史典籍有精深的理解，从中我们也可以得到某些启示。正像学者邓洪波、王胜军所指出的那样："总体而言，唐宋状元试卷的文学价值较高，但是明清两朝的殿试卷在文学方面也有其自身的价值，显示出另外的风格。明代试卷的文风一般都很朴实，行文很散，带有语录体的某些特色。清代的试卷则明显受《书》诰体的影响，文辞古奥，语言力求客观，在历代文学中应是别具一格。"（见《中国状元殿试卷大全》及其价值）

收藏鉴赏价值

策文文集和殿试状元卷之类，是中国科举文献的的一个重要组成部分，它不仅具有文史资料价值、文学研究价值，而且还具有很强的收藏鉴赏价值。如今我们偶尔能看到的策文，大都散存于古代的一些科举文献中，或者是收入登科者个人的文集里，因此从收藏的角度看，诸如题名录、登科录、朱卷、闱墨与试卷等都是不可多得的搜寻目标。类似这样的一些科举文献，随着科举制度的废除，由于时代的变迁和社会需求的消失，在民间好像水流云散一样迅速消失，就是偶尔存世者，也很难跻身于古籍善本的行列。即便这样，流传至今可以肯定地说已经是凤毛麟角了，而且好多都是缺头少尾，损毁严重，面目全非了。这样一来，自然增加了收藏难度。

张朝瑞《皇明贡举考》卷一《进士登科录》中规定了登科录的格式为："首玉音，次恩荣次第，次进士家状，次制策，次进士对策。"由此可知，历代的登科录收入许多科举考试中的策文。遗憾的是，历代进士登科录流传下来的并不是很多，不用说是私藏，就是公藏也屈指可数，目前存世的宋代仅有《绍兴十八年（1148）同学录》和《宝祐四年（1256）登科录》两种，元代仅有一种《元统元年（1333）进士录》，而明代主要主要是范氏天一阁流传下来较多，绝大多数的都是清代的朱卷，而进士登科录存世的也不是很多。这些登科录之所以不能很好地流传下来，除了自然方面的原因外，主要还是“人为”的原因，如成化十四年（1478）、弘治三年（1490）、九年、嘉靖五年（1526）、十七年的《会试录》；弘治九年、嘉靖五年、十七年的《进士登科录》；弘治十五年、十七年的《湖广乡试录》，这些都是天一阁的散出之本，存于上海海涵芬楼，后来都毁于1932年“一、二八”的日寇战火中。除此之外，也与历代人们对登科录没有足够的重视有关。正如宋端仪说的那样：“《登科录》不过录一时荣耀，故易代之后，多弗传。”（见郑岳《莆阳文献》卷七《题〈绍兴戊辰登科小录〉后》）在科举的时代，人们虽然重视科举，但对科举文献却不屑一顾，一般的藏书家不予收藏，目录学家不予著录。据说当年著名藏书家黄丕烈收购元刻本《元统元年进士录》时，由于出售者不知其价值，而廉价出售。而乾嘉学派著名学者钱大昕却盛誉“此录于元史大有裨益，勿轻视之。”（见《元统元年进士录》附钱大昕《题识》）然而像黄著丕烈、钱大昕这样的学问大家毕竟是少数，对大多数的人来说，对登科录这样的书籍是不重视的。

实事求是地说，一些零星散本能够得以流传，好多是依赖私家珍藏。明人何乔新《书〈进士登科录〉后》记载：“先公以永乐戊戌登进士第，所受《登科录》，藏于弟乔寿之书楼久矣。不幸毁于火，予极力访求不可得。近乃得此卷于同邑陈氏家，而首尾颇残缺，亟命从孙丰补缀装褫，藏于家。呜呼！昔人于平泉树石犹切切焉戒子孙以保之，况此录国家之令典，先世家状存焉，子孙览之，可以知先世交游之多贤，家学相传之有自也。岂平泉树石之比哉！以平泉树石与人者，犹曰‘非吾子孙’，则以此录与人者真豚犬耳!”从字里行间可以看出，他对父亲登科的《永乐十六年进士登科录》是何等的珍视。

至于流传至今的状元试卷，更是赏心悦目的国宝级文物，极具观赏价值。如明代万历年间戊戌科状元赵秉忠的殿试卷，内容姑且不说，单从其外观形貌上看，就让人眼睛一亮，爱不释手。封面、封底均系绫装裱，正文共2460字，每个字有一厘米见方，而且均用工笔小楷写就，古色古香，典雅精致，有一种难得一见的艺术美。因此说，称其具有很高的艺术观赏价值是一点也不为过。

主要参考书目

《中国科举史》，刘海峰、李兵著，东方出版中心，2004年6月出版

《科举学导论》，刘海峰著，华中大学出版社，2005年8月出版

《中国科举史话》，林白、朱梅苏著，江西人民出版社，2008年1月出版

《唐代科举制度研究》，吴宗国著，辽宁大学出版社，1992年12月出版

《唐代科举与文学》，傅璇琮著，陕西人民出版社，2007年9月出版

《唐代试策考述》，陈飞著，中华书局，2002年4月出版

《科举与宋代社会》，何忠礼著，商务印书馆，2006年12月出版

《科举文体研究》，汪小洋、孔庆茂著，天津古籍出版社，2005年3月出版

《明代科举文献研究》，陈长文著，山东大学出版社2008年3月出版

《科举制的终结与科举学的兴起》，刘海峰主编，华中师范大学出版社，2006年10月出版

《中国殿试状元卷大全》，邓洪波、龚抗云编著，上海教育出版社，2006年10月出版